CIDADES E MUNICÍPIOS

Gestão e Planejamento

CIDADES E MUNICÍPIOS

Gestão e Planejamento

WALDECK ORNÉLAS

CAPA: Propeg

EDITORAÇÃO DE TEXTOS:
Lino Greenhalgh – Vernasce Publicações

Dados Internacionais de Catalogação na Publicação (CIP).

O074 Ornélas, Waldeck.
Cidades e Municípios: Gestão e Planejamento / Waldeck Ornélas.
Salvador: Vernasce, 2020.
110 p. ; 15,5 x 22,5 cm.

ISBN 978-65-991038-5-8

1. Administração pública. 2. Gestão. 3. Planejamento. 4. Municípios. 5. Serviços públicos. 6. Urbanismo. 7. Sustentabilidade. I. Título.

CDD 352

Ficha Catalográfica elaborada por Terezinha Lima Santos CRB-5/1393

SUMÁRIO

CIDADES SUSTENTÁVEIS

O BEM-ESTAR DAS PESSOAS

GESTÃO MODERNA E INOVADORA

QUESTÕES DE PLANEJAMENTO

UMA JANELA DE OPORTUNIDADE

INTRODUÇÃO

O que cabe a um Município fazer?

Há muito tempo percebo a necessidade de uma agenda para os municípios. O distanciamento social imposto pelo coronavírus criou a oportunidade para que pudesse escrevê-la. Aqui temos uma visão panorâmica da área de atuação dos municípios, que é o nível de governo com maior relevância imediata em relação à vida das pessoas.

É uma agenda temática, genérica dada a grande diversidade de perfis dos municípios entre nós: são 5.570 municípios, mas somente 324 têm mais de 100.000 habitantes, embora, quando se fala em municípios, sejam as cidades que mais chamam a atenção. Quase metade tem menos de 15.000 habitantes cada. Assim, os temas é que decidem, por si próprios, quanto falam mais aos pequenos ou aos grandes municípios – dos pontos de vista demográfico, econômico ou territorial.

O foco comum é o **interesse local**, expressão com que a Constituição Federal distingue a competência do Município em relação aos demais níveis de governo. Naturalmente aqui estão tratados, porque convergentes, temas de interesse das prefeituras, das cidades e do território – as três dimensões do Município.

O propósito é passar em revista o que o Município deve fazer, anotar qual o seu papel no âmbito da federação, ter em vista até onde deve ir, para não buscar – em face das necessidades e reclamos da população – assumir encargos que são de outros níveis de governo e estão além do limite de sua capacidade fiscal – que é insuficiente para as suas próprias obrigações.

Saber o que não fazer é também muito importante. Há, por exemplo, município que mantém faculdade pública gratuita, sem que tenha Educação Infantil e Ensino Fundamental em quantidade e qualidade; há município que tem hospital, sem que tenha cobertura de saúde da família para a população; há município que tem empresa de ônibus, mas não cuida das calçadas nem das praças para o pedestre. Essencial é que o Município – pequeno ou grande, rico ou pobre – atenda sempre o básico, antes de se propor compromissos mais amplos, mais complexos e mais onerosos.

Convive-se também com muitas possibilidades inexploradas, gerando desperdício e carências: há cidades que contam com auditório, biblioteca ou instalações esportivas em equipamentos diversos, mas não compartilham o seu uso pela sociedade, porque têm uma gestão burocrática, departamentalizada e antiquada.

Nesse sentido, **Cidades e Municípios** almeja tornar-se um conselheiro para ser ouvido pelos Prefeitos e Vereadores na tomada de decisões fundamentais e estratégicas. Mas também pelos eleitores, a quem cabe avaliar e julgar – política e administrativamente – os gestores municipais.

Escrito sob a forma de artigos para jornal, publicados no Correio, aqui reunidos em coletânea, traz as limitações que a pouca extensão do texto impõe. Mas o importante é assinalar os temas e suas particularidades, sempre sob a ótica do Município – um olhar do ponto de vista local.

Para que a autonomia municipal seja efetiva e real é preciso que a Prefeitura cumpra o seu papel e sirva à população com tudo o que diz respeito aos seus interesses e necessidades imediatas.

A Constituição Federal colocou o Município como ente da Federação. Constituinte de 1988, tendo defendido a causa dos Municípios, sinto-me corresponsável pelos seus desdobramentos.

Waldeck Ornélas
abril de 2020.

O DESAFIO DAS PREFEITURAS

A BASE É O MUNICÍPIO

Tornou-se lugar comum dizer que as pessoas vivem no Município, como forma de enfatizar a necessidade de fortalecimento – especialmente fiscal – dos governos locais, para atender às demandas da população. De fato, é aí que se desenvolvem as necessidades mais elementares das pessoas e é na porta do prefeito que o cidadão-eleitor-contribuinte bate para equacionar suas reivindicações. Do prefeito e dos vereadores.

Pois bem, 2020 é ano de eleições municipais e, portanto, da escolha que os cidadãos farão dos novos responsáveis pela gestão local – da prefeitura, da cidade e do território. São 5.570 municípios em todo o país, dos quais apenas 324 com população superior a 100.000 habitantes; São Paulo, o maior de todos, tem mais de 12 milhões de habitantes, dentre os dezessete que ultrapassam a faixa de um milhão cada; apenas 92 municípios têm mais de 200.000 eleitores e estão sujeitos à regra de dois turnos eleitorais. Na outra ponta, nada menos que 1.254 municípios têm população inferior a 5.000 habitantes. Trata-se, pois, de um universo heterogêneo e diverso, cujos problemas apresentam diferentes graus de complexidade, mas sempre sensíveis e fundamentais.

Um olhar para os municípios requer a consideração dessa grande diversidade. O que tem sido chamado de Pacto Federativo – uma proposta de Emenda Constitucional, de iniciativa governamental, em tramitação no Congresso Nacional – representa o reconhecimento de que efetivamente a reivindicação dos municípios tem razão. Com efeito, vivemos em uma federação de cabeça para baixo, onde a União concentra os recursos, e onde a carência faz com que as políticas públicas municipais sejam apenas um reflexo das prioridades federais, na medida em que, via de regra, não resta margem para iniciativas próprias destinadas a atender às chamadas peculiaridades locais.

É diante deste cenário que os cidadãos irão às urnas, em outubro próximo, para dar continuidade às políticas atuais – pela reeleição do prefeito ou manutenção do seu partido no Poder – ou sua substituição.

Não se sabe em que medida o impacto que as redes sociais tiveram nas últimas eleições gerais vão se replicar nas eleições locais. É de supor-se, no entanto, que a cabeça do eleitor estará influenciada pelas informações que recebe maciçamente, hoje mais do que nunca, sobre o mundo que o cerca e, portanto, elevando o seu nível de discernimento e exigência na escolha dos seus dirigentes mais próximos. Isto é bom para a democracia.

Por esta via estão agora disponíveis - e são conhecidas - as avaliações externas do desempenho administrativo, permitindo a comparação dos resultados apresentados, no IDEB, no IDH, no Índice de Gestão Fiscal e em tantos outros. Assim, existem condições para que a população possa fazer uma avaliação cada vez mais criteriosa na escolha dos seus candidatos.

Fato novo é também a proibição de coligações proporcionais nas eleições para vereador, permitindo o saneamento do quadro partidário, que deveria ter começado a ocorrer há várias eleições, caso o STF não houvesse invalidado lei anterior. Também aqui o coronavírus interfere, podendo alterar o calendário eleitoral, além do humor do eleitor.

Mas o substantivo e relevante é, sem dúvida, a discussão das necessidades e prioridades locais, e isto está na educação, na saúde, na promoção social, no urbanismo, na infraestrutura, no transporte, na cultura, nos esportes, no lazer, na criação de oportunidades de trabalho e renda, no apoio às atividades econômicas locais, tudo isto sob os novos critérios da sustentabilidade, da inteligência tecnológica e da qualidade de vida dos cidadãos.

O Município é a base da federação e o governo local - Prefeitura e Câmara de Vereadores - é onde se começa a decidir a sorte do brasileiro e a revelar novas lideranças para o país.

OS PAPÉIS DO PREFEITO

Não quero referir-me aqui aos volumosos maços de processos que ainda hoje atulham as mesas dos gestores públicos de todos os níveis em nosso país, herança das ordenações portuguesas de que ainda não conseguimos nos livrar, continuando a produzir leis – e até Constituição – tão minudentes e detalhadas que emperram a ação pública. Neste ano de eleições municipais, refiro-me especificamente às funções administrativas do Prefeito enquanto chefe do Poder Executivo Municipal.

Não raro muitos gestores públicos, especialmente nos municípios de menor porte econômico e demográfico – que são a imensa maioria – imaginam que administrar a Prefeitura é o seu principal papel. Sem dúvida isto é essencial, fundamental, necessário e indispensável, mas está longe de ser o suficiente. É óbvio que a Prefeitura precisa ser gerida com eficiência, responsabilidade, transparência e foco na racionalização dos custos. Mas cuidar apenas da prefeitura é ficar somente olhando para o próprio umbigo. É preciso entender que a Prefeitura é tão somente um ente administrativo para a gestão dos serviços sociais, da cidade e do território, o que permite entregar resultados à sociedade.

Administrar bem a Prefeitura é obrigação, mas é provavelmente o menos importante dos papéis do prefeito. O risco é perder-se, cuidando da Prefeitura – que é meio – e deixar de corresponder aos imensos e urgentes anseios da sociedade. Para correspondê-los, essencial é cuidar do ambiente urbano – a cidade – e do rural – o território –, além dos serviços sociais – a Educação e a Saúde.

A cidade é, por excelência, o principal tema municipal. Não é sem razão que as prefeituras são obrigadas a elaborar – e periodicamente atualizar – diversos planos, como PDDU, PLAMOB, PMSB, todos urbanos. Tanto mais agora, quando as cidades vêm assumindo protagonismo crescente nos modernos processos de desenvolvimento. Esta é uma exigência e uma oportunidade. O que o Prefeito for capaz de fazer pela sua cidade será a conquista que a sua comunidade terá; o padrão de urbanização adotado será determinante para a qualidade de vida da população, o que pressupõe sustentabilidade econômica, social, ambiental e físico-territorial.

É preciso usar o urbanismo como instrumento de transformação, para gerar mais desenvolvimento e promover melhor qualidade de vida. As cidades não podem continuar sendo desenhadas para o automóvel, mas sim para servir às pessoas; projetos viários devem ceder espaço para parques e praças; o transporte público se impõe ante o individual; resiliência passou a ser um atributo indispensável; cidades compactas, com uso misto, proporcionam menores custos de manutenção e operação; projetos estratégicos com forte impacto e poder transformador são mais importantes do que os investimentos incrementais de sempre, que reproduzem mais do mesmo.

O território precisa ser visto pelo seu potencial e muitas vezes é a principal base econômica de um município. Basta ver a importância nacional do agronegócio. Assim, definidos os perímetros urbanos da sede, vilas e povoados, é preciso ter um olhar diferenciado para a vasta área municipal remanescente, geralmente descuidada. Impõe-se um mínimo de atenção ao seu ordenamento, como a proteção das áreas de nascentes e cursos d'água, da cobertura vegetal, do patrimônio ambiental em suma. O meio ambiente costuma também apresentar potencial turístico, mas o fundamental é, sobretudo, assegurar a segurança hídrica. É essencial fortalecer a base produtiva local – geralmente agropecuária – derivando sempre que possível para a agroindústria.

E convém ter as vistas voltadas para o contexto regional em que o município está inserido, para tirar daí todo o proveito possível para um desenvolvimento econômico comum. A regra é explorar todas as possibilidades do desenvolvimento local, na cidade e no campo, visando a geração de oportunidades de trabalho e renda para a população. Esta é a missão a ser cumprida!

BABEL LEGISLATIVA E CAOS URBANO

Deveria aqui tratar do conteúdo do planejamento urbano e dizer do quanto ele é importante para as nossas cidades, pelos graves problemas que apresentam. Mas antes será preciso desbastar um cenário institucional deformado. Refiro-me à multiplicidade de planos a que o Município está obrigado por uma legislação emanada de Brasília, descolada da realidade e que não atende aos interesses locais, além de onerar desnecessariamente o Poder Público municipal.

A referência inicial deve ser, logicamente, o Estatuto da Cidade (Lei n. 10.257, de 2001), que regula o capítulo de Política Urbana da Constituição Federal. Nele é instituído o PDDU, sujeito a revisão "pelo menos a cada dez anos". De logo, esta norma não se aplica a cerca de 70% das nossas sedes municipais, uma vez que a Constituição (art. 182, §1º) excluiu da obrigatoriedade do Plano Diretor as cidades com menos de 20.000 habitantes. Está aqui, aliás, um indicador dos graves desequilíbrios de desenvolvimento do nosso país.

As diretrizes nacionais para o saneamento básico (Lei n. 11.445, de 2007) estabelecem que os PMSB serão revistos periodicamente, "em prazo não superior a 4 (quatro) anos, anteriormente à elaboração do Plano Plurianual". E aqui estão incluídos serviços tão complexos e custosos quanto os de abastecimento de água, esgotamento sanitário, limpeza urbana e drenagem e manejo de águas pluviais. Qualquer pessoa de bom senso sabe que, neste país, em quatro anos não acontece nada de relevante em relação a sistemas de esgotamento sanitário a justificar revisões com tal frequência.

A União instituiu em seguida a Política Nacional de Resíduos Sólidos (Lei n. 12.305, de 2010), estabelecendo o Plano Municipal de Gestão Integrada de Resíduos Sólidos, com "revisão convergente com a vigência dos Planos Plurianuais". O prazo final para o encerramento dos lixões era 2014, adiado por sucessivas prorrogações, providência que enfrenta o desafio da viabilidade econômica dos aterros sanitários, mesmo ante a formação de consórcios intermunicipais.

Já a Política Nacional de Mobilidade Urbana (Lei n. 12.587, de 2012), obriga à elaboração do PLAMOB, que deve ser avaliado, revisado e atualizado "em prazo não superior a 10 (dez) anos". Isso não significa – diz a cartilha do antigo Ministério das Cidades – que esse deva ser o horizonte a ser projetado na sua elaboração, "pois a cidade deve ser planejada por um prazo maior e os ajustes devem ser periódicos e definidos no próprio plano". Um lance de bom senso em relação ao horizonte dos planos, mas claudicante em relação à periodicidade dos ajustes, que insinua poderem ser mais frequentes.

Por sua vez, a Lei nº 11.124, de 2005, instituiu o Sistema Nacional de Habitação de Interesse Social (SNHIS), o Fundo e o Conselho Gestor do FNHIS, submetendo os municípios a adesão unilateral, sob pena de não terem acesso a recursos federais para fins habitacionais. Para tanto têm, inclusive que apresentar um Plano Local de Habitação de Interesse Social... Tão absurda a exigência que, esgotado o prazo legal, nada menos que 43% dos municípios brasileiros não haviam aderido ou tinham pendências junto ao tal sistema.

Em comum, sempre o pressuposto da União tem sido a imposição de normas federais, em sentido contrário ao preceito constitucional do atendimento ao interesse local; de igual modo, a modelagem institucional adotada é geralmente uniforme: Conferência – Conselho – Plano – Fundo. Não consigo imaginar a que interesses ou propósitos deva servir essa proliferação setorial de instrumentos, quando todos sabemos das limitações técnicas e financeiras que as prefeituras têm; conferências setoriais, pelo seu caráter técnico, levam a definições de prioridades não necessariamente compatíveis e alinhadas entre si e com o PDDU; e para cada cidade não bastaria ter apenas um único conselho e – se efetivamente necessário – um único fundo, para evitar fundos sem fundos e otimizar as aplicações às prioridades de cada momento e lugar?

Enquanto vigorar a babel legislativa prevalecerá o caos urbano: nas grandes cidades, pela complexidade dos problemas; nas pequenas, pela ausência de condições mínimas.

PLANEJAMENTO SEM AÇÃO

Nossos municípios vivem afogados na obrigação - sempre estabelecida por leis federais - de elaborar uma multiplicidade de planos globais - o PDDU - e setoriais - saneamento básico, gestão de resíduos sólidos, mobilidade, habitação de interesse social, educação, saúde, meio ambiente etc. etc. Essa imposição encontra, na vida real, uma imensa diversidade de situações, carência de recursos técnicos e financeiros, mas sobretudo falta de consequências práticas.

A essa obrigação de fazer planos não correspondem os instrumentos, meios e recursos necessários e indispensáveis para sua implementação. Resulta que, no âmbito territorial, apenas o PDDU tem maior eficácia, na medida em que orienta também às pessoas e às empresas em relação às suas intervenções na cidade, controladas pelo Poder Público por meio do licenciamento.

Se desejamos cidades bem estruturadas e organizadas é preciso, liminarmente, reconhecer e estabelecer a prevalência do Plano Diretor sobre os planos setoriais e quaisquer outros, inclusive programas e projetos que lhes digam respeito. O PDDU é o balizador da estrutura da Cidade e, depois da Lei Orgânica, é a mais importante lei municipal. Por isso, e a partir daí, todos os planos devem ter sua elaboração sucessiva a ele, e periodicidade para revisões e atualizações no mínimo igual. Esse é um rearranjo legal/institucional preliminar para que se possa começar a botar ordem nas cidades brasileiras. Hoje, como está, a babel legislativa alimenta o caos urbano, além de impor gastos correntes onde já não há recursos para investimentos.

A União não pode, tampouco, continuar pensando que uma cidade é o somatório de ações isoladas em habitação, transporte e saneamento. Neste caso, além da necessária articulação e integração intraurbana, é preciso entender que, aqui, o todo é maior do que a soma das partes. Ademais, o processo de planejamento das cidades é contínuo, razão pela qual, mesmo naqueles municípios onde não há a obrigação de fazer Plano Diretor - cerca de 70% dos casos - as prefeituras precisam atentar para as condições infraestruturais e de expansão urbana, visando orientar da melhor maneira o futuro das cidades. Aliás, ao dizer que o PDDU deve ser revisto "pelo menos" a cada dez anos, a Lei quis fixar um prazo mínimo ou máximo? Espero que tenha sido mínimo.

Se há um papel a ser desempenhado pela União é o de restabelecer a importância dos projetos técnicos. Ao longo das últimas décadas, primeiro o setor público perdeu a capacidade de elaborar os seus próprios planos e projetos. Como consequência, muitas secretarias de planejamento foram esvaziadas ou pura e simplesmente extintas; também as empresas de consultoria perderam espaço de atuação. Finalmente, o RDC – Regime Diferenciado de Contratações delegou os projetos às próprias construtoras... Assim, os projetos não só perderam qualidade como deixaram de atender a objetivos públicos mais amplos e legítimos. O resultado constitui uma das razões de operações "Lava Jato". É indispensável resgatar a autonomia do projeto em relação à obra, para que os interesses da sociedade prevaleçam. E isto depende de legislação federal.

Em um país continental como o nosso, com os graves desequilíbrios socioeconômicos que ostenta, a diversidade de biomas que abrange e a multiplicidade de situações que apresenta, não dá para definir de Brasília uma receita de bolo a ser nacionalmente aplicada. Melhor considerar o porte das cidades para, a partir daí, e só então, identificar as necessidades de estudos e pesquisas correspondentes à elaboração de planos, programas e projetos.

Os municípios vivem hoje metidos numa camisa de força que lhes tolhe a liberdade de ação em relação ao seu próprio futuro. E pior, a inobservância dos figurinos federais impede o acesso a recursos de transferências voluntárias da União...

Na grande maioria dos casos, a seleção criteriosa de um conjunto de programas e projetos estratégicos, dotados de poder transformador, consideradas as peculiaridades locais, pode ser o caminho para a uma ação objetiva e consequente.

INVESTIR NAS PESSOAS

EDUCAÇÃO, PRIORIDADE N° 1

Para a nossa sociedade avançar, educação é fundamental. Esta é uma afirmativa recorrente, mas pouco praticada. Os municípios, que constituem a base da federação, têm o dever constitucional de começar esta transformação pela base: a Educação Infantil e o Ensino Fundamental.

Os resultados da Avaliação Nacional da Alfabetização – ANA, realizado já no terceiro ano do ensino fundamental, mostram que apenas uma em cada dez crianças está sendo de fato plenamente alfabetizada. Este é um vírus que compromete toda a sociedade, por toda uma geração; os resultados do Índice de Desenvolvimento da Educação Básica – IDEB, apresentam resultados extremamente preocupantes e vergonhosos. Mas o fato de que haja municípios com excelente desempenho mostra que é possível obter ótimos resultados. ANA e IDEB são sistemas oficiais de avaliação externa ao alcance de toda a população e pelos quais os prefeitos devem ser julgados.

De cada R$4,00 que ingressam no Tesouro Municipal, R$1,00 vai para a Educação. Assim, quando o prefeito nomeia o secretário de Educação, ele entrega a gestão de um quarto do seu orçamento. É preciso, pois, que os prefeitos acompanhem e cobrem com rigor, dos seus secretários de Educação, a nota do município e a nota de cada escola, para que estejam oferecendo sempre um ensino de melhor qualidade. Se o aluno precisa de nota seis para ser aprovado, a escola em que ele estuda não pode ter nota inferior a esta. E os pais precisam fiscalizar.

Os debates sobre educação sempre incluem a melhoria da remuneração dos professores, melhores instalações físicas e das condições de trabalho, mas costumam passar à margem do substantivo: aqui, a questão relevante é o projeto pedagógico, o processo de ensino-aprendizagem. As redes particulares que funcionam bem têm sistema de ensino próprio. Os sistemas municipais de ensino também precisam ter os seus sistemas de ensino, contextualizados à realidade local, evitando-se que cada escola vá em uma direção e haja tanta discrepância, como se observa entre o desempenho da melhor e da pior, com uma amplitude desconcertante.

Pagar bem ao professor é condição necessária, mas não suficiente para a melhoria da qualidade do ensino. Há municípios que pagam bem e nem por isto oferecem ensino melhor às suas crianças. É preciso pagar-lhes o piso nacional, ter plano de carreira dilatado no tempo, mas com remuneração complementar por mérito, vinculada ao desempenho dos alunos e da escola.

Do mesmo modo, é preciso haver um programa continuado de qualificação, uma vez que os professores chegam às salas de aulas conhecendo tudo sobre todas as teorias educacionais, mas saídos de cursos de licenciatura que não ensinam a ensinar. Indispensável a capacitação e qualificação dos professores em alfabetização, desde a Educação Infantil, e em português e matemática.

O plano de voo dos municípios há de ser Educação Infantil e Ensino Fundamental I universalizado e em tempo integral – até para liberar as mães para o trabalho; só depois de alcançada esta meta, assumir o Fundamental II. Indispensável promover a integração da escola com a família, combatendo a evasão. Também cuidar do EJA, no nível do Ensino Fundamental, para resgatar os que não tiveram chance.

Neste momento, temo que a proposta de unificação para as vinculações constitucionais de aplicação mínima obrigatória para Educação e Saúde – no caso dos municípios, 25% para a Educação e 15% para a Saúde – venha, na prática, prejudicar a Educação. Isto porque, independente do coronavírus, a dor da saúde é imediata e exerce enorme pressão psicológica sobre os governantes, enquanto a dor da educação virá somente quando o jovem, no futuro, se defrontar com o mercado de trabalho. Não sem razão, os municípios já estão aplicando sempre mais de 15% com Saúde e, eventualmente, quase próximo ao que destinam à Educação.

ATENÇÃO BÁSICA PARA TODOS

O campo de atuação das Prefeituras na área da Saúde é a baixa complexidade, é o da atenção básica. E isto já é muito. Mais atenção básica para todos, ao invés de ficar procurando suprir necessidades não cobertas pelo Estado ou pela União. A hierarquização do sistema de Saúde é um preceito constitucional. Não adianta pretender suprir a omissão de outros níveis de governo porque não vai alcançar, ainda que queira. Cada macaco no seu galho.

Mais importante do que um pequeno município tentar montar um hospital de segunda é a sua Prefeitura manter fluida a rede de drenagem pluvial; desobstruídos os cursos d'água; a limpeza urbana funcionando com eficiência; viabilizar o abastecimento de água e o esgotamento sanitário. Todas estas são medidas que resultam na melhoria das condições de saúde da população, evitando a disseminação de doenças. É preciso atuar preventivamente e não ficar esperando que a doença bata à porta.

Hoje os municípios em geral se debatem com a elevação crescente e continuada dos gastos com a Saúde. Mas, ao mesmo tempo, mantêm um baixo nível de qualidade dos serviços disponibilizados à população; nos almoxarifados, remédios se perdem por vencimento do prazo de validade; não há controle dos estoques, nem eficiência na distribuição às unidades de Saúde; o atendimento costuma funcionar em horário de repartição pública, fechando para o almoço e sem expansão, quando o trabalhador pode buscá-lo; não há controle de produção das equipes médicas. São mazelas municipais que precisam ser corrigidas com urgência, para prestar melhor serviço à população.

Na medida em que tenha garantido boa qualidade e cobertura na atenção básica de saúde, também diminuirá consideravelmente o vai e vem das ambulâncias transportando os enfermos para as capitais, em busca do atendimento hospitalar. Por sua vez, a descentralização regionalizada dos serviços de saúde, pelos estados, melhoraria ainda mais o atendimento e reduziria os custos.

Há programas que são essenciais, em que o país se destaca, e que são executados na ponta – vale dizer, nos municípios e, nestes, nas

USF e UBS – com eficiência e qualidade, a exemplo da vacinação e da atenção à maternidade e à infância. É preciso que o sistema de ensino médico encare de forma objetiva e direta a formação de profissionais para atuação na ponta, na linha de frente da atenção básica, permitindo o foco na saúde coletiva, o fortalecimento das equipes multidisciplinares, a prática da vigilância à saúde e a cobertura territorial do atendimento.

Hoje é comum as prefeituras manterem um dispensário especial só para os medicamentos prescritos não pelos médicos, mas pelo Judiciário, o que constitui mais um exemplo da interferência indevida de outros Poderes e instituições nas diversas áreas administrativas, especialmente nesta, onde a emoção e o sentimento tendem a falar mais alto que a razão. A chamada judicialização da saúde é algo que precisa ser equacionado no país.

O SUS é um sistema único, regionalizado e hierarquizado. O atendimento universal é assegurado, mas é inadequado mandar atender a tratamentos experimentais ainda não validados pela ciência, e impossível arcar com tratamentos no exterior, para citar apenas dois exageros que, invocando indevidamente a Constituição, o Judiciário tem cometido.

Não vale a desculpa do coronavírus. Aí está todo ano a dengue para nos mostrar a fragilidade do sistema de Saúde em nosso país. Ao contrário, é de se esperar que a pandemia sirva, quando menos, para provocar uma grande reavaliação da estrutura do sistema de saúde que temos (in)disponível para a nossa população, e que possamos evoluir para um planejamento que, começando da base do sistema para cima, dote todos os municípios de condições adequadas para atender às necessidades básicas de saúde da população.

ASSISTIR PARA PROMOVER

A legislação que trata do assunto é a Lei Orgânica da Assistência Social (Lei n. 8.742, de 1993), política pública destinada a prover os mínimos sociais para garantir o atendimento às necessidades básicas dos cidadãos, executada através de um conjunto integrado de ações de iniciativa pública e da sociedade - onde se inserem as entidades de assistência social; o curso que forma os profissionais dedicados à área é o de Serviço Social. Mas os municípios vêm enfrentando uma crescente dificuldade para sua atuação.

É que nesse campo tem sido implementada - e institucionalizada - uma ideologia, e até mesmo uma interpretação judicial, que vai na contramão da inclusão social. Assim, por exemplo morador de rua tornou-se "pessoa em situação de rua" e as prefeituras constroem e instalam Centros POP, isto é, centros de referência para essas pessoas, que ficam vazios porque lhes é negado o direito/dever de proteger os cidadãos que não têm onde morar, vis-à-vis o direito constitucional à moradia; do mesmo modo, é negado ao Poder Público - e até mesmo às próprias famílias - o direito/dever de resgatar os seus entes dependentes de drogas. Com isto, nesses casos, cria-se uma zona cinzenta onde terminam não atuando nem as secretarias de assistência social, nem as de saúde, nem as de ordem pública, imobilizadas ante a proliferação de cracolândias e outros degradantes ambientes urbanos.

Esses novos entendimentos e interpretações confrontam inclusive um dos objetivos da LOAS, a promoção da integração ao mercado de trabalho (LOAS, art. 2º, c), cada vez mais visto como um atentado a essas liberalidades. Face a isto, os municípios ficam tolhidos em parte de sua ação social, na dependência de que sejam consolidados e pacificados, no nível federal, esses conceitos e o entendimento que deva prevalecer.

Devem, no entanto, evidentemente, otimizar nos seus territórios a implementação das políticas federais de transferência de renda, como o Benefício de Prestação Continuada (BPC) - destinado a idosos e deficientes - a bolsa-família e o defeso. Mas, sobretudo, dedicar-se à tarefa de praticar políticas públicas capazes de evitar que pessoas da comunidade local se degradem a ponto de passarem a viver na chamada situação de rua ou tornarem-se dependentes de substâncias psicotrópicas. Este é um desafio para o qual não estão preparadas as estruturas das secretarias municipais de assistência social, porque têm sido orientadas e direcionadas em sentido inverso. Bem que os Centros de Referência em Assistência Social (CRAS) poderiam ter um papel ativo e sobretudo efetivo em relação à família e às condições de vida das pessoas.

A preservação, valorização e o fortalecimento dos vínculos familiares constitui a base para que, nessa área, possam ser desenvolvidas políticas públicas eficazes. Aqui, a proteção à infância e a erradicação do trabalho infantil, o acolhimento e atenção à juventude, a orientação aos pais – muito frequentemente despreparados e desorientados – mediante ações proativas, constitui a pedra de toque para evitar o círculo vicioso da desagregação social, que realimenta a miséria e a marginalidade. Aqui, assistir não pode ser sinônimo de contemplar, mas de acudir, auxiliar, socorrer.

Também se inserem nesse âmbito o pagamento de benefícios eventuais, predominantemente aplicáveis a situações decorrentes de desastres naturais ou outros eventos circunstanciais, como a atual pandemia, mas nunca permanentes – como o próprio nome indica – nem periódicos. Devem ser sempre de natureza claramente episódicos e transitórios. É preciso superar, de uma vez por todas, a prática do assistencialismo puro e simples, base do coronelismo político, que não se compadecia da situação de dependência dos vulneráveis, em prol de sua inserção social.

Importantes, fundamentais e estratégicas são hoje as conexões com as políticas de educação e de saúde, além de iniciativas – geralmente inexistentes – de capacitação das pessoas para sua inserção no mercado de trabalho, sempre em correlação com o perfil econômico local, para criar condições de sua decisiva integração social e econômica.

CAPACITAR PARA O TRABALHO

Embora exista clareza quanto ao papel dos municípios em relação à educação formal, há uma omissão generalizada, mesmo entre os municípios de grande porte econômico, face à necessidade de atuarem na preparação de recursos humanos para o mercado de trabalho. Esta é uma política pública que precisa, com prioridade e urgência, ser incluída na agenda dos municípios brasileiros.

Na área da Educação, apenas recentemente o país definiu uma nova base curricular para o Ensino Médio, amplamente reconhecido como o patinho feio do nosso sistema escolar. Não sem razão há uma perda de metade das matrículas na passagem do Ensino Fundamental para o Médio, nível para além da escala de atuação dos municípios. Inúmeros municípios sequer contam, em seu território, com estabelecimento de Ensino Médio, público ou privado. O fato é que, salvo eventualmente, os jovens fecham o ciclo da Educação Básica sem uma profissão.

Dessa forma, os municípios convivem com um numeroso contingente de jovens que, encerrado o seu ciclo escolar - frequentemente ao concluir o Ensino Fundamental - vagam sem profissão no mercado de trabalho, em busca de ocupações para as quais não foram preparados. As entidades do Sistema S, como o SENAC e o SENAI, que se dedicam à qualificação profissional, estão presentes em pouquíssimos municípios do país, ainda que façam uso de unidades móveis de ensino, com laboratórios, para atender a demandas localizadas e em volume limitado.

Fato é que a atividade de capacitação profissional precisa se expandir fortemente e no curto prazo por todo o território nacional, inclusive nos municípios de menor porte demográfico e nos mais distantes em relação às metrópoles e grandes centros urbanos; mas também nos metropolitanos, que enfrentam volumes alarmantes de desemprego por desqualificação, além das outras causas.

O pior é que este cenário só tende a se agravar na medida em que as inovações tecnológicas avançam como um tsunami por toda a sociedade, tornando inempregáveis pessoas que não disponham de adequada qualificação para o trabalho. É frequente, nas agências de intermediação de emprego, o desencontro entre as poucas vagas ofertadas e um mundo de candidatos despreparados.

Esta é uma lacuna que os municípios hão de ocupar. Estas ações precisam, por óbvio, estar estreitamente interligadas com a economia local, suas oportunidades e possibilidades. Claro também que não deverão fazer isso sozinhos. Será preciso criar parcerias com as empresas locais - ante o compromisso da colocação; com o Sistema S, de acordo com a área de atuação de cada agência - industrial, comercial e de serviços ou agropecuária. Neste último caso o SENAR deverá ser mobilizado; também instituições de ensino, públicas e privadas, precisam participar desta cruzada. É preciso que não se dispense o apoio do governo federal, através do Ministério da Economia. Afinal, o país carece da estruturação nacional de uma vigorosa política pública para este setor.

É indispensável criar nas prefeituras um ponto focal para estas ações que, claramente, não deverá ficar na secretaria de Educação, para não desviá-la do seu foco, embora as instalações físicas de sua rede possam ser utilizadas. Mais provável e apropriadamente na secretaria que trate de desenvolvimento econômico.

Em havendo Ensino Médio, que o seja necessariamente integrado ao Técnico Profissional, de modo a assegurar aos egressos uma profissão. Isto é possível – e desejável – inclusive em escolas de educação do campo, com habilitações para as atividades rurais.

Importante é ter a consciência de que a criação de oportunidades de trabalho e renda para as pessoas – especialmente os jovens – é também uma função da Prefeitura, além de trazer resultados positivos para a economia local.

INTEGRAR A BASE DA PIRÂMIDE SOCIAL

A pandemia provocada pelo novo coronavírus fez com que o país se defrontasse com uma de suas mais graves mazelas: o problema social. Na verdade, somente agora, diante de uma crise sanitária de grandes e profundas proporções, o Brasil viu-se na obrigação de correr atrás de um conjunto de mais de vinte milhões de cidadãos que viviam no anonimato, "invisíveis" como foram chamados, desconhecidos pelo Poder Público e independente dele, que não estavam em nenhum dos programas sociais, econômicos ou fiscais do Estado brasileiro, mas que vivem no mesmo território, falam o mesmo idioma, trabalham e ganham a sua vida sob a mesma bandeira nacional.

Estes mais de 10% da população brasileira, aqui genericamente tratados como autônomos invisíveis, vieram agora juntar-se aos contribuintes individuais do INSS, aos microempreendedores individuais (MEI), aos beneficiários do bolsa-família, aos pobres que estão no CadÚnico mas acima do patamar da bolsa-família, para formar um imenso conjunto de mais de sessenta milhões de pessoas que compõem a base da pirâmide social e que, na situação extrema da crise, mostraram-se carentes do apoio do Poder Público para sua subsistência. Sabe-se agora o tamanho do problema social brasileiro!

A missão que resulta é a de integrar a base da pirâmide social, resgatando as suas condições de vida, trabalho e renda, para fazer valer a cidadania de cada um. Identificados, não pode mais o Estado perdê-los de vista e, em todas as suas instâncias – União, Estados e Municípios – trabalhar de forma harmônica, complementar e com objetividade, para proporcionar-lhes um lugar ao sol.

À União caberá, sem dúvida, manter um programa de transferência de renda que ultrapasse o universo do bolsa-família e seja capaz de, diferenciadamente, contemplar a cada qual em face das suas necessidades, vis-à-vis suas condições de trabalho.

Mas é pelos Municípios que se distribuem e onde vivem esses sessenta milhões de concidadãos. Além de identificá-los, é preciso agora saber quantos são em cada município, como sobrevivem, que ocupações exercem, que grau de instrução têm, que qualificações possuem, qual sua estrutura familiar, onde e como moram para, conhecendo o seu perfil, desenhar e dimensionar as políticas públicas necessárias para incorporá-los, com dignidade, ao dia a dia da vida cidadã.

A partir daí abrem-se duas vertentes para atuação das Prefeituras: uma socioeconômica e outra físico-territorial. Na vertente socioeconômica é preciso fazer o reconhecimento oficial dessas pessoas, mediante sua inserção nos cadastros municipais; a oferta de programas de capacitação; a estruturação dos mercados de trabalho; a disponibilização de microcrédito e assistência técnica e sua inserção nos mercados formal e informal.

Na vertente físico-territorial, muito estaria já resolvido se as políticas públicas de educação para os filhos, saúde e assistência social para as famílias, viessem tendo eficácia e efetividade. Restaria então, adicionalmente, atuar em políticas de melhorias habitacionais, regularização fundiária, urbanização dos bairros populares onde vivem e promover o acesso ao mercado dos bens e serviços resultantes do trabalho de cada um, na cidade ou no campo.

Mas é sabido que os municípios não têm condições de dar conta deste recado sozinhos. Será indispensável que os estados assumam parte significativa da missão, sobretudo face ao grande número de municípios muito frágeis dos pontos de vista fiscal, técnico e gerencial. Este é o papel do estado-membro, numa estratégia que tenha como meta a elevação do Índice de Desenvolvimento Humano nos Municípios.

A melhoria do IDH-M é o indicador mais apropriado para o acompanhamento da evolução do quadro social, na medida em que reflete os avanços nos níveis de educação, saúde e renda, segmentos que estão diretamente relacionados com as questões da pobreza, da desigualdade e do desemprego.

QUALIDADE URBANA

TRANSPORTE VIROU MOBILIDADE

Quando transporte passa a ser tratado como mobilidade - primeiro na academia e no meio técnico, depois na própria lei - isto tem o significado de que as obras viárias passam a ser prioritariamente orientadas para o transporte coletivo urbano e que o automóvel deve ceder lugar aos múltiplos sistemas de transporte terrestre - ônibus, metrô, BRT, VLT etc. Começa assim a ser invertida uma ordem de precedência que vem desde meados do século passado, quando o Brasil ingressou definitivamente na era automobilística, com a chegada da indústria, no Governo Kubitschek. Antes, já em 1945, houvera sido criado o Fundo Rodoviário Nacional, e desde então o automóvel reinou, inclusive sobre as pessoas.

Agora é o próprio automóvel quem cede espaço, com o desenvolvimento do veículo autônomo, a adoção do carro compartilhado e os aplicativos de transporte. Assim, daqui a uma década as cidades do planeta serão inteiramente diferentes: a pressão por mais pistas de rolamento vai desaparecer; viadutos, túneis e elevados se tornarão estruturas ociosas; áreas de estacionamento poderão ser transformadas em praças arborizadas e espaços de lazer. Então, é preciso que as administrações municipais comecem desde já a trabalhar em alinhamento com essa nova perspectiva.

Os planos diretores elaborados a partir de agora precisam incorporar e refletir essa nova realidade, com os arquitetos - aliás, todos tornados urbanistas por decreto - precisado reexaminar o que aprenderam na faculdade, para incorporar esses novos valores que o avanço tecnológico e social nos traz.

Os novos critérios e padrões recomendam prioridade para a mobilidade ativa - percursos a pé e de bicicleta - o que impõe mudanças no desenho urbano e no zoneamento das cidades, exigindo a multicentralidade, o uso misto, a densificação, quadras menores, compactação das cidades, com sensível redução dos custos de manutenção e operação e, por conseguinte, menor pressão sobre as finanças municipais.

O transporte coletivo é peça essencial na estruturação das cidades. A mobilidade é elemento estratégico. Os serviços de ônibus, por sua flexibilidade, terminam coonestando políticas equivocadas de expansão urbana, como os conjuntos habitacionais jogados nas periferias sem o apoio de infraestruturas. Já os sistemas de transporte de média e alta capacidade – inclusive aqueles operados por ônibus, como o BRT – passam a ser vetores de desenvolvimento das cidades e contribuem, desta forma para definir a estrutura urbana.

Além dos grandes sistemas de transporte é preciso prestar atenção no que tem sido, depreciativamente, chamado de transporte alternativo. Ocorre que ele atende a demandas e necessidades efetivas da população, em linhas de desejo que não são atendidas pelos sistemas formais, devido ao maior porte dos veículos utilizados ou pela pouca frequência das rotas. Precisam ser incorporados aos sistemas oficiais, como transportes complementares que são, até para evitar a invasão das motocicletas, estas sim perniciosas e causadoras de acidentes.

Do mesmo modo é indispensável examinar a viabilidade de outras modalidades, conforme o local, como o transporte aquaviário, os ascensores públicos, as escadas rolantes e os teleféricos, tudo isto numa perspectiva que exige atenção à microacessibilidade.

Os municípios precisam também cuidar, e com rigor, do transporte escolar, que tem se tornado uma grande fonte de desperdícios, por falta de racionalidade e planejamento, assim como estruturar o transporte rural, geralmente esquecido.

Apesar de sua importância estratégica e fundamental a maioria das cidades brasileiras não conta com políticas de mobilidade, seja por seu pequeno porte, seja por falta de percepção da sua relevância. Mas é indispensável que isto esteja pelo menos embutido nas suas estratégias de desenvolvimento urbano, com ou sem planos diretores.

A VEZ DO PEDESTRE

Crescentemente todos começam a se conscientizar de que as cidades precisam privilegiar as pessoas. Este é um critério que deve estar em todas as dimensões urbanas, mas que se apresenta mais forte ao se tratar de trânsito e tráfego, quando os cidadãos-eleitores assumem também o papel de pedestres. Trata-se aqui de distribuir adequadamente os diversos serviços e sistemas, de modo a alterar a hierarquia e a prioridade. Nesse novo contexto social e urbano, a mobilidade ativa é a palavra de ordem: primeiro lugar e primeira prioridade para o pedestre e as bicicletas.

Salvo em situações muito específicas, as medidas de restrição ao automóvel não precisarão ser radicais. Aliás, esse ajustamento tende até a ocorrer naturalmente, com o próprio recuo do papel do automóvel em nossa sociedade. Os jovens de hoje já não têm mais o carro como objeto de desejo; eles preferem utilizar o transporte coletivo – que precisa ter qualidade – ou recorrer aos aplicativos de transporte. Mas é preciso acelerar esse processo, e isto cabe aos bons gestores municipais.

Se, por um lado, o automóvel perde espaço, é preciso trabalhar e implementar as novas alternativas hoje demandadas pela população. Isto está fortemente associado ao desenho urbano contido nos Planos Diretores. Mas em qualquer situação – inclusive e sobretudo nas áreas já consolidadas das cidades – é preciso promover os ajustes e as correções necessárias e indispensáveis. Muito se depende aqui da qualidade dos projetos, e os profissionais da área – urbanistas, engenheiros de transportes, projetistas – precisam estar sempre se atualizando com as inovações tecnológicas e as novas demandas sociais.

Concretamente, as ruas não podem mais ser exclusivamente do automóvel. A prioridade para o pedestre requer calçadas largas, com acessibilidade, piso tátil, arborização, mobiliário, além, naturalmente, da faixa livre de passeio exclusiva para o caminhar, com a largura adequada; as bicicletas precisam ter livre trânsito, por ciclovias, ciclofaixas ou faixas compartilhadas; as travessias de pedestres precisam estar sinalizadas e, em razão do fluxo, elevadas; se a rua for estreita e intenso o fluxo de pessoas, deve ser transformada em rua de pedestres.

Soluções interessantes têm sido implementadas em áreas de orla, marítima ou fluvial; ao longo dos parques ou locais com espaços e equipamentos de lazer público, com a adoção do piso compartilhado, assinalando a baixa velocidade dos veículos e a preferência para o pedestre. No outro extremo, nas vias de maior fluxo de tráfego, a atenção diferenciada para o transporte coletivo, com faixas exclusivas ou preferenciais para o ônibus, além da implantação de ciclovia. Para permitir melhor fluxo do trânsito em geral, o uso de semáforos sincronizados e o controle eletrônico do tráfego e da sua fiscalização.

As cidades precisam ter e implementar um plano cicloviário, não apenas com objetivo de lazer, mas em especial como meio de transporte para o trabalho, para a escola ou para as estações de metrô e os terminais de ônibus.

As motos não constituem alternativa. Elas ocorrem como consequência da disfunção dos nossos sistemas de circulação e transporte. E são hoje em dia as maiores causadoras de mortes no trânsito.

Na medida em que se tenha cidades mais bem estruturadas, não será necessário chegar a medidas radicais contra o automóvel, como o rodízio em zonas centrais, o pedágio urbano e a proibição pura e simples. Mas o estacionamento na via pública deve ser sempre pago, quando e onde permitido.

A situação é diferente nas cidades conforme o porte. Mas é preciso começar a definir o jogo quando elas ainda estão pequenas – e são entre nós a maioria – de forma a moldar o futuro; as metrópoles e as grandes cidades, por sua vez, viciadas em automóvel, estão sendo vítimas de overdose e precisando passar por grandes transformações; as cidades medias ainda têm plena condição de ajustar o rumo, priorizar a mobilidade ativa e organizar sistemas de transporte compatíveis com as suas necessidades.

TRANSFORMAR A CIDADE

A mais visível das atividades da Prefeitura é a gestão da Cidade. São as obras de urbanização – designação genérica sob a qual se incluem todas as obras de infraestrutura realizadas no ambiente urbano – as que mais marcam a passagem de um Prefeito e que mais se refletem na sua avaliação como administrador. Apesar disto, como tem sido pobre a gestão das cidades brasileiras!

Desde pelo menos a metade do Século passado, as cidades têm sido preparadas para os carros, não para as pessoas. Acontece que nós nascemos com cabeça, tronco e membros, não cabeça tronco e rodas. Isto faz toda a diferença, porque o natural é andar a pé, não de carro. A necessidade do carro vem de uma deformação adquirida pelas nossas cidades.

O desenho urbano foi atropelado pela implantação de um sistema viário parametrizado para o automóvel. Com essa deformação, o asfalto ganhou o *status* de bem de primeira necessidade e deixou para trás outros efetivamente essenciais. Com frequência, o cidadão não tem água encanada, não tem esgotamento sanitário, não tem transporte, não tem serviço de limpeza pública, às vezes não tem sequer iluminação, a casa é um barraco, mas o que recebe de presente é o asfalto.

Esta é uma realidade que começa a mudar a partir do próprio carro, hoje tornando-se autônomo, compartilhado ou se oferecendo via aplicativos de transporte. Às mudanças tecnológicas se somam os novos valores da sociedade, requerendo, em conjunto, um novo padrão de cidade.

Com o carro as cidades foram espraiadas e expandidas horizontalmente, as funções urbanas separadas. O lugar de morar foi afastado do lugar de trabalhar. Ainda hoje muitos códigos de urbanismo e tributários impedem que profissionais tenham como endereço de trabalho a sua própria residência, em uma época em que o *home office* torna-se a prática das empresas, processo que a pandemia do coronavírus veio tornar acelerado e irreversível.

Agora é tocar, reunir outra vez, integrar as funções, densificar, compactar a cidade. Nada de conjuntos habitacionais jogados nas periferias distantes, desprovidos de infraestruturas e serviços. Uso misto, fachada ativa, quadras pequenas, ruas de pedestres ou compartilhadas, ciclovias, valorização das praças e parques públicos, acessibilidade, arborização, transporte complementar, energias limpas, geração distribuída, reuso de água, resiliência, são conceitos que passam a dominar o receituário urbano de cidades com qualidade de vida para os seus habitantes.

Isto muda o perfil e a natureza dos investimentos municipais, perdendo espaço a construção de avenidas, viadutos, túneis e elevados. Os prefeitos precisam começar a rezar por uma nova cartilha; é indispensável que os técnicos passem a refletir esses novos valores da sociedade na revisão decenal dos Planos Diretores.

Esta mudança de valores precisa chegar também às cidades de menor porte, para que se desenvolvam – o que não é sinônimo de se tornar grande – com um padrão urbanístico adequado à vida humana. Têm até mais facilidade para isto do que as metrópoles e grandes cidades, onde a reconversão tem custo elevado.

Geralmente as prefeituras pavimentam as ruas com asfalto ou paralelepípedo, tanto faz, mas deixam as calçadas para os proprietários dos imóveis fazerem, isto é, cuida dos carros e abandona os pedestres. Sobretudo nos bairros pobres, as calçadas não serão feitas. É preciso que as prefeituras chamem a si a tarefa de cuidá-las, independente até da rua ter ou não pavimentação, para garantir uma largura mínima, acessibilidade, arborização, mobiliário urbano e todas as demais caraterísticas necessárias. Se a rua for estreita, restrinja-se o acesso dos carros.

O tempo é de resgatar as cidades que temos, para torná-las melhores, mais habitáveis, mais vinculadas ao homem – em detrimento da máquina, que foi criada para nos servir, não para nos subordinar.

PREVENÇÃO, SEMPRE!

Há municípios que sequer têm Defesa Civil. Mas essa é uma atividade pública que não somente precisa existir, como ser permanente, e não apenas improvisada, circunstancial e temporária, lembrada nos momentos de grandes desastres, naturais ou provocados pelo homem. Precisa ser permanente, para ser preventiva.

Chova ou faça sol não importa, ter uma Defesa Civil estruturada é indispensável, porque é preciso que o município esteja preparado para as eventualidades. Sem dúvida, os casos de deslizamentos de terras são os que terminam chamando mais a atenção, inclusive da mídia. Mas nem sempre são os únicos ou mais frequentes dentre os desastres. Tampouco trata-se apenas de estar atento a alagamentos esporádicos ou secas prolongadas. Várias outras questões requerem atenção.

Na imensa maioria dos casos, não se trata de ter um órgão público, uma burocracia, um fundo etc., até porque a Defesa Civil não é um ente de execução. Mas é indispensável ter pelo menos a figura de um Coordenador de Defesa Civil, alguém que esteja permanentemente dedicado única e exclusivamente a, sob este ponto de vista, zelar pela segurança da população; que tenha grande capacidade de mobilização e articulação; e que saiba trabalhar com o voluntariado. Sim, porque a participação da população é fundamental nas ações de Defesa Civil: programas educativos e a organização e capacitação de núcleos comunitários preparados para colaborar nas emergências fazem parte da agenda.

Fazer o mapeamento dos riscos potenciais que um município apresenta é ação nobre, socialmente responsável e fundamental para que possa subsidiar o Plano Diretor, conscientizar a população, influenciar a definição das prioridades e até captar emendas parlamentares. As áreas setoriais ficam sempre focadas no seu dia a dia e não dedicam atenção a planos preventivos de redução de riscos, como se vê ainda agora, com o tamanho da crise provocada pelo coronavírus. Permanentemente convivemos – e encaramos como naturais – problemas nas áreas da saúde, do meio ambiente, do tráfego, da vida urbana. É preciso existir em cada município um serviço que possa ter um outro olhar para estas questões, e antecipar-se às crises, colocando-as na mesa para a tomada de decisões. Este alguém é a Defesa Civil!

Tomemos o caso das secas no Nordeste brasileiro. É um fenômeno recorrente, mas a Defesa Civil só atua, tradicionalmente, na decretação do estado de emergência, na contratação de carros-pipa e outras medidas paliativas de eficácia temporária. Se o critério fosse a ação preventiva, cada município do Semiárido já deveria dispor de um Plano de Segurança Hídrica, cujas obras seriam executadas ao longo do tempo, minimizando o problema e evitando as emergências.

O mesmo raciocínio é válido para as bacias hidrográficas onde ocorrem grandes inundações; as áreas onde o período das chuvas provocam grandes transtornos, inclusive com vítimas fatais; os incêndios florestais periódicos; e assim por diante.

Nas áreas urbanas, o que não faltam são exemplos e situações de ocupações inadequadas à margem dos rios, baixadas, encostas, geralmente com habitações precárias, insalubres, agravando outros problemas. Agindo preventivamente, é preciso trabalhar microplanos de ações estratégicas, que sejam implementados continuamente, como ações de manutenção urbana, independente de projetos grandiosos e investimentos vultosos.

A ação preventiva será sempre melhor que a ação de socorro, que tem sido a marca equivocada da política de Defesa Civil entre nós. Contingência não é solução! Ao contrário, a Defesa Civil precisa funcionar bem, e preventivamente, para evitar ter que chamar os Bombeiros. Hoje em dia o conhecimento científico e os recursos tecnológicos estão cada vez mais disponíveis e acessíveis para permitir o estudo dos problemas e promover a aplicação prática das soluções.

Não basta ter um plano de contingência. É preciso ir adiante e ter um dinâmico e efetivo plano de redução de riscos. Afinal, prevenir é melhor do que remediar.

MORADIA E URBANISMO

Desde os tempos do antigo BNH, retomada mais recentemente com o programa Minha Casa, Minha Vida, política habitacional no Brasil é vista como linha de crédito para a construção civil e não como política de desenvolvimento urbano. Isto, apesar dos graves problemas territoriais que as cidades apresentam e que só se agravam com a implantação de conjuntos habitacionais distantes e insustentáveis.

Seis décadas de política habitacional não foram ainda suficientes para ensinar aos formuladores de políticas públicas, e inclusive aos projetistas, que conjuntos habitacionais na forma como são implantados se transformam em favelas mais facilmente que em bairros e prestam um desserviço ao desenvolvimento urbano.

Esses projetos aproveitam brechas no Plano Diretor das cidades onde são implantados - ou sua inexistência - gerando mais problemas, ônus financeiros e desgaste para as prefeituras. Os prefeitos precisam estar muito atentos a esses verdadeiros "presentes de grego". Conjuntos habitacionais precisam estar pelo menos integrados ao tecido urbano, em áreas dotadas de infraestrutura e servidos por transporte coletivo. Legisladores, políticos, planejadores, projetistas, construtoras e incorporadoras imobiliárias precisam alinhar um novo entendimento a respeito de política habitacional, para que as ações não passem de falsa e temporária solução.

É preciso articular os novos projetos habitacionais com o conceito das cidades compactas, onde predominam o uso misto, a mobilidade ativa, densificação e integração com o transporte coletivo, entre outros novos valores da vida urbana.

Além da implantação de novas unidades - não necessariamente sob a forma de conjuntos habitacionais - há outros caminhos que precisam ser percorridos para o enfrentamento da questão habitacional em nossas cidades. Um deles é o das melhorias habitacionais em ocupações precárias, ressalvadas as áreas de risco e de proteção ambiental, dotando-as de instalações sanitárias, cuidando dos telhados etc. Tampouco se deve enclausurar as populações pobres nas chamadas ZEIS, as zonas especiais de interesse social, com uma ótica de deificação das favelas, perpetuando as miseráveis condições de vida. Mais vale um programa para transformá-las em bairros, integrando-as física e socialmente com a cidade formal, do que congelá-las como "comunidades".

Em relação aos conjuntos habitacionais pré-existentes é preciso evitar que sigam o caminho da degradação, resgatando-os mediante a recuperação das áreas comuns e a dotação de infraestrutura, reprojetando-os caso a caso, para complementar o seu perfil, inclusive com atividades comerciais e de serviços. Todo o esforço precisa ser feito para transformar em bairros esses assentamentos. Um programa de urbanização integrada, envolvendo toda a infraestrutura, praças e parques, arborização, serviços públicos e privados, equipamentos sociais, atividades econômicas e culturais pode inclusive contar com financiamentos internos e internacionais.

Os conjuntos habitacionais não podem mais ser apenas habitacionais. Eles precisam trazer consigo uma clara opção voltada para a geração de empregos *in loco*, bem como atender ao consumo primário das famílias. Ou não se deve entender como manifestação expressa de uma demanda efetiva a "invasão" de recuos, áreas verdes e espaços abertos com barracas e quiosques precários, quando não a construção de puxadinhos ou a transformação da sala de estar em ambiente comercial?

Indispensável a existência de um programa de assistência técnica para a habitação de interesse social, para o que os conselhos profissionais de engenheiros e arquitetos, precisam abrir mão de exigências corporativas que prejudicam a população mais pobre.

É preciso cuidar com atenção e prioridade para, rigorosamente, evitar a ocupação de áreas de risco e de proteção, como encostas, áreas alagáveis, margens de rios e outras que, com o tempo, tornam-se problemas graves, de urbanismo, de saúde, de saneamento, como se vê nas metrópoles e grandes cidades. As secretarias de Meio Ambiente deveriam se ocupar desta pauta.

Ao invés de segregar e formar guetos, as políticas habitacionais precisam estimular uma dinâmica urbana de mobilidade das famílias no interior das cidades.

MANTER A CIDADE EM ORDEM

De pouco adianta fazer todo o trabalho de urbanização - saneamento, pavimentação, calçadas, iluminação, ciclovias, paisagismo, arborização etc. - e depois deixar tudo ao Deus-dará, quando se trata do funcionamento da cidade. O que antigamente se chamava de posturas municipais e era um regramento básico para gerir a convivência das atividades com a cidade foi progressivamente substituída por uma permissividade sem limites, um fechar os olhos para as ocupações irregulares do solo, provocando situações inaceitáveis. É fundamental ao Prefeito estar permanentemente atento, porque as mazelas do dia a dia se acumulam e viram um problemão - social, econômico, sanitário e urbano.

Tanto assim que virou moda falar-se em "choque de ordem" nas cidades, mas o fato é que as prefeituras não costumam ter uma rotina minimamente eficiente de fiscalização, deixam as coisas acontecerem e depois atuam repressivamente, com consequências sociais e, eventualmente, policiais e jurídicas.

A degradação do espaço urbano tal como se vê hoje em dia em nossas cidades é algo insustentável, mas foi produzida pela omissão de muitas gestões municipais para com as pequenas irregularidades, que se acumulam e se multiplicam, tornando-se um problema da maior gravidade.

Não é só o comércio ambulante - que se agiganta nos momentos de crise econômica - que contribui para esse cenário de terra arrasada. Por toda a cidade - em qualquer das nossas cidades - todo espaço público torna-se área de estacionamento para automóveis, sejam praças, parques, jardins, áreas verdes, recuos ou calçadas; em tempos de coronavírus, ressalta a negligência com que as secretarias de Saúde convivem com atividades que não atendem às mais mínimas condições sanitárias; qualquer canto é lugar para acúmulo de lixo dispensado fora dos horários de coleta regular, lixo de todo tipo, inclusive entulho e material de construção; placas de publicidade, totens, sinalizações as mais diversas interferem na paisagem urbana; lojas expõem produtos nas fachadas e nas calçadas, empurrando os pedestres para a rua, e assim por diante.

É impossível que só as prefeituras não enxerguem os "puxadinhos" que são acrescidos aos imóveis, invadindo os passeios; criando vagas de garagem em áreas públicas vizinhas, muitas vezes até muradas e cobertas; expandindo os lotes sobre áreas verdes e recuos; descaracterizando fachadas de edificações em áreas tombadas etc., tudo evidentemente sem licença. Decididamente, fiscalização não é o forte das secretarias de Urbanismo.

Em vez de episódicos choques de ordem, é preciso estruturar em cada área de competência a sua fiscalização – urbanismo, vigilância sanitária, transporte, trânsito, serviços públicos, limpeza urbana, poluição sonora, Defesa Civil, fazendária etc. Mas é possível e desejável dar um passo adiante, e operar regulamente uma fiscalização integrada, atuando por bairros ou setores da cidade, para manter o controle sobre a ocupação e o uso do espaço público.

Primeiro, claro, é preciso excluir e reprimir os abusos. Mas a ótica precisa ser o ordenamento. Um bom projeto de mobiliário urbano contribui significativamente para disciplinar o ambiente: bancas de jornais e revistas, barracas de frutas, quiosque para lanches, totens para informações e publicidade externa, etc.

O comércio ambulante merece uma atenção especial. É preciso que ele seja identificado, licenciado, categorizado, capacitado, organizado, georreferenciado e fiscalizado, reconhecendo-se a existência da atividade para tratá-la com civilidade. Será que não há aí um berçário de empreendedores?

É preciso sempre manter a cidade em ordem, e esse é um trabalho quotidiano, para evitar a necessidade de "choques" e traumas periódicos.

CONSERVAR É PRECISO

Os políticos movem-se pela criação de uma boa imagem e pela realização de novos marcos administrativos. Por isso preferem sempre fazer coisas novas, deixando até – muitas vezes criminosamente – de dar continuidade a projetos em andamento. Está no DNA da atividade e o povo espera isto em resposta ao voto que deu na última eleição. É uma conquista que tem que ser renovada a cada quatro anos. Com reeleição então, isto é fundamental.

Conservar o que existe é, no entanto, tão importante quanto fazer coisas novas, ainda que a população não tenha aprendido a avaliar bem essa questão. O fato é que é mais barato conservar e manter do que reconstruir, restaurar ou refazer. É uma economia para a sociedade. O segredo está em saber balancear adequadamente as duas coisas. De resto, não há nada que um bom *marketing* não saiba explicar e vender. É o caso – aliás muito frequente – do prefeito que assume a prefeitura depois de derrotar o grupo (não direi sequer partido) adversário que estava no Poder. Então ele denuncia a situação de terra arrasada e anuncia que vai reconstruir a cidade. Quantas vezes já ouvimos esse discurso?

Manter o que já existe situa-se no âmbito do que chamamos de manutenção urbana e é uma atividade feita cotidianamente, todos os dias do ano, às vezes de modo desapercebido até por quem faz. Trata-se de varrer as ruas, trocar as lâmpadas queimadas, tapar os buracos na pavimentação, cortar a grama, conservar os jardins, manter desentupidas as bocas de lobo, conservar a sinalização de trânsito, cuidar do mobiliário urbano, tapar as goteiras nos prédios públicos, desobstruir os canais de drenagem, recuperar as escadarias, limpar o cemitério, retirar entulho, coletar o lixo, podar árvores etc. etc. etc. É uma lista infindável de itens. A este conjunto de atividades se atribui a denominação de zeladoria urbana e constitui uma das mais importantes atividades de uma prefeitura.

Geralmente as prefeituras costumam manter a atividade de manutenção sob o mesmo guarda-chuva da área de obras ou de infraestrutura. Isto é um equívoco, porque as obras, as coisas novas, terminam ocupando e absorvendo toda a capacidade instalada – técnica, operacional, administrativa e financeira – escanteando a manutenção urbana. É preciso dar identidade e visibilidade à manutenção urbana, organizando-a adequadamente.

Na medida em que as cidades crescem, essas atividades ganham escala e complexidade, requerendo ainda mais cuidado e atenção, exigindo pessoal especializado, estrutura dedicada, prestadoras de serviços contratadas, equipamentos apropriados, recursos financeiros suficientes. Nesses casos, convém que seja criada uma secretaria específica, tal a importância de que se reveste. É evidente que isto não se aplica a cidades de menor porte, onde a existência de duas estruturas oneraria o custo da máquina administrativa sem resultados significativos. Mas ainda assim impõe-se destacar internamente uma área dedicada exclusivamente à manutenção.

Do mesmo modo, as edificações públicas merecem uma atenção diferenciada. Prédios administrativos, mas sobretudo unidades operacionais, que têm grande intensidade de uso, como escolas, unidades de saúde, serviços assistências, equipamentos culturais, quadras esportivas etc. precisam de manutenção frequente e continuada, para evitar que se degradem e deteriorem.

A manutenção costuma ser também uma grande aliada da Defesa Civil, evitando problemas como desabamentos, alagamentos, inundações, escorregamentos de terra e outros deste tipo, tão comuns nas nossas cidades.

Para que a cidade não precise estar sendo sempre reconstruída – e até para não dar discurso ao adversário – é importante que o Prefeito cuide da sua manutenção. A cidade é extensão da casa de cada um dos seus moradores. Manter a cidade é a mesma coisa que cuidar de uma casa, só que em outra escala. E é tarefa do Prefeito.

MODERNIZAR OS SERVIÇOS PÚBLICOS

O POSTE QUE FAZ A DIFERENÇA

Nesse ano de eleições municipais, não me refiro aqui ao "poste" como candidato, mas à haste de iluminação pública propriamente dita, cuja importância estratégica para o desenvolvimento e a gestão urbana precisa ser enfatizada. Afinal, já se foi o tempo em que o poste servia apenas para sustentar a lâmpada. Hoje, é um elemento chave para a constituição de cidades inteligentes (smart cities).

As Tecnologias da Informação e Comunicação (TIC) estão aí disponíveis e constituem importantes - diria mesmo, indispensáveis - aliadas dos prefeitos na gestão dos municípios. Trata-se não apenas de promover a otimização do parque de iluminação pública, mas de transformá-lo em uma rede inteligente, como instrumento de desenvolvimento e gestão urbana.

Eficiência operacional é apenas o primeiro resultado que se pode obter de uma rede elétrica inteligente. O mais importante é o potencial crescente de serviços que, agregados à rede de iluminação pública, possibilitam gerir a cidade, em benefício de sua população. Refiro-me à transformação das atuais redes de iluminação pública em redes inteligentes capazes de trabalhar pela qualidade de vida da população, mediante a gestão da mobilidade urbana, do transporte coletivo, das ações de Defesa Civil, do saneamento básico, além de dar eficiência à gestão pública - integrando as redes de serviços sociais de educação, saúde, assistência social e de toda a Administração Pública, fazer a vigilância patrimonial, gerir a frota de veículos oficiais, bem como apoiar a segurança pública - Polícias Civil e Militar, além de Bombeiros, na medida em que os postes sejam transformados em plataforma de transmissão de dados e informações.

A implantação de um Centro de Operações da Cidade, integrado a uma rede de fibra ótica, possibilita avanços infinitos nessa época de Big Data e Internet das Coisas (IoT). E isto já é algo acessível às prefeituras, sem custos extraordinários, como pode parecer.

A preparação de projetos conta hoje com suporte do BNDES e da CEF, ou podem ser diretamente promovidos através de Procedimento de Manifestação de Interesse (PMI), cujos custos serão ressarcidos pelo vencedor da licitação de PPP, o instrumento mais apropriado para implementação dessa ação. Para cada caso, será necessário definir o escopo específico.

Financiadora da iluminação pública, a COSIP foi criada para assegurar a autonomia do município na prestação do serviço de iluminação pública ante a insuficiência da receita tributária vis-à-vis o conjunto das competências e responsabilidades municipais. Muitos municípios, no entanto, negligenciam esse instrumento, chegando ao absurdo de alguns até mesmo ingressarem na Justiça para manter a rede de iluminação pública com as concessionárias de energia, o que além de constituir renúncia à competência institucional e administrativa – o que é condenável – incorre em conflito de interesse, uma vez que à concessionária não interessa modernizar o parque de iluminação porque isto contribui para a redução de sua própria receita.

Por outro lado, se é preciso estabelecer valores para a COSIP que sejam suficientes para cobrir todo o custo de operação e manutenção da iluminação pública – dispensando a utilização adicional de recursos orçamentários – não basta também considerar que, uma vez existindo a COSIP, não seja necessário administrar a conta de luz. Muito pelo contrário, há aqui um imenso campo de atuação capaz de propiciar a redução dos gastos, via eficiência. Não sem razão, em muitos casos, a conta de luz da Prefeitura – abrangendo a iluminação pública e o consumo dos prédios e serviços públicos – constitui a maior conta local da distribuidora de energia.

Mas muitas prefeituras desconhecem esses aspectos elementares, e não só eles, apenas e tão somente porque não incorporam aos seus quadros administrativos, nem que seja em cargos de confiança, profissionais portadores de conhecimento técnico e administrativo capazes de apoiar o Prefeito e sua Administração para uma boa e eficiente gestão pública. Crie-se um corpo de assessoria especial de planejamento junto ao Prefeito, fica a sugestão.

SANEAMENTO TAMBÉM É SAÚDE

A falta de saneamento básico constitui o mais grave problema de infraestrutura urbana do país, afetando sobretudo os mais pobres e degradando a vida nas cidades. O saneamento básico é também relevante como ação preventiva de saúde pública, evitando a proliferação de doenças de veiculação hídrica e contribuindo para prevenir a disseminação de outras tantas, como o próprio coronavírus, quando lavar as mãos passou a ser a providência mais elementar e efetiva.

Independentemente de ser uma obra que não aparece, por ficar enterrada, como costuma ser dito para explicar o que seria o desinteresse político por sua execução, a verdade é que as obras de saneamento são caras e estão fora do alcance das prefeituras municipais.

Mesmo em relação ao abastecimento de água, onde o déficit é menor, vimos ainda recentemente problemas com a qualidade da água no abastecimento da cidade do Rio Janeiro, estado onde também o quadro degradante de poluição da Baía de Guanabara decorre, principalmente, da falta de esgotamento sanitário no seu entorno. Estes fatos demonstram que mesmo estados economicamente poderosos da federação têm dificuldade em enfrentar os elevados investimentos necessários para o setor.

É que o modelo de exploração predominante na oferta desses serviços ainda é via companhias estaduais de saneamento que, não tendo geração de caixa para investimentos, mantêm a grande maioria das cidades – e da população brasileira – sem esgotamento sanitário, com graves consequências sociais. Os problemas são realçados na hora de enfrentar crises sanitárias como a pandemia recente quando, sobretudo nas áreas de ocupação precária, é também limitado o acesso à água.

Há cerca de duas décadas, quando começaram os primeiros movimentos por atrair a iniciativa privada para investir em saneamento básico, parte da Igreja Católica promoveu intensa campanha contrária. Vinte anos depois, os mais pobres continuam sem serviços de saneamento, morrendo de enfermidades evitáveis por cuidados sanitários. Decididamente, não ter o serviço não é opção.

Finalmente o Congresso Nacional aprovou o novo marco regulatório para o setor, possibilitando que o país comece a superar esta carência que mantém a população urbana em situação de forte vulnerabilidade. Embora o poder originário seja do município, os padrões de qualidade passarão a ser definidos pela Agência Nacional de Águas, o que haverá de ser muito positivo.

Com o novo marco legal, a tendência é que prevaleça o recurso às concessões à iniciativa privada, para expansão rápida dos serviços, com reflexos positivos na melhoria da qualidade de vida da população e redução nos gastos com saúde pública. Nas grandes cidades e metrópoles os serviços podem inclusive ser objeto de concessão plena ou parcial, fracionados territorialmente – por bacias ou sub-bacias – ou funcionalmente – por etapas do serviço. Fato é que, estatal ou privado, o serviço sustenta-se pelo pagamento de tarifa.

Curioso é que no passado sempre houve uma forte associação entre urbanismo e saneamento. Há um século atrás o propósito era o sanitarismo, e o urbanismo era fortemente marcado pela predominância dos engenheiros higienistas. Foi exatamente a ocorrência de sucessivas epidemias que fez surgir essa escola de planejamento urbano e o resultado não estava apenas na disponibilidade de serviços. O temor do miasma fazia com que fossem adotados projetos e obras para arejar as cidades.

Com o modernismo ocorreu o descasamento entre o urbanismo e o saneamento, ficando este para trás. Cidades espraiadas e com baixas densidades têm custos de operação e manutenção mais elevados e serviços de água e esgotos são componentes relevantes desses custos. O resultado é que, em momentos como este, voltam-se as preocupações para as ocupações precárias, onde as densidades são altas, as casas são pequenas e a infraestrutura não existe, dificultando o combate ao vírus.

Há aqui um enorme passivo social, que precisa ser quitado o quanto antes.

NEM TODO LIXO É LIXO

Embora integre o plano municipal de saneamento básico - PMSB, junto com o abastecimento de água, esgotamento sanitário e drenagem, os serviços de limpeza urbana e destinação final do lixo requerem tratamento em separado. Isto se justifica pelo evento de uma lei específica, posterior, que instituiu a Política Nacional para os Resíduos Sólidos. Foi então estabelecido que os municípios estão obrigados a elaborar um Plano Municipal de Gestão Integrada de Resíduos Sólidos.

O fato é que as cenas dos lixões formados à beira das estradas, onde as prefeituras - e não apenas as das pequenas cidades - descartam o lixo recolhido, ainda é uma constante pelo Brasil afora. Isto em um cenário em que os lixões tinham previsão legal de extinção em 2014. A realidade demonstra que essa foi mais uma regra estabelecida por Brasília de forma desconectada da realidade urbana, fiscal e tecnológica dos municípios brasileiros. Nem por isso se justifica que as prefeituras devam continuar descompromissadas com a correção deste que, além de ambiental, é também um grave problema de saúde pública.

Embora nos municípios com menos de 20.000 habitantes - a imensa maioria dos municípios brasileiros - o PMGIRS possa ser simplificado, esta regra não se aplica no caso de municípios turísticos, na área de influência de atividades com significativo impacto ambiental ou cujo território abranja unidade de conservação; no caso de consórcios intermunicipais, não há necessidade de um plano para cada município.

Cuida-se aqui da coleta, transporte, transbordo, tratamento e destinação final dos resíduos sólidos derivados do lixo doméstico e da varrição e limpeza de logradouros e vias públicas. Embora típicos de limpeza urbana, os serviços de capina e poda de árvores em áreas públicas são muitas vezes realizados como atividades de manutenção urbana, devendo-se ter em conta, no entanto, a destinação final dos resíduos.

Como todo serviço, a coleta de lixo também precisa ser cobrada, para que possa suprir o custeio da atividade. O mesmo se aplica no caso da execução pelo poder público de etapas do plano de gerenciamento dos grandes geradores.

A filosofia é a não geração, redução, reutilização e a reciclagem dos resíduos sólidos, para o que deve-se valer inclusive da educação ambiental, para só então passar-se ao tratamento dos resíduos e à disposição final ambientalmente adequada dos rejeitos. Além da compostagem, o lixo é também passível de recuperação energética. O que se objetiva é minimizar o volume de rejeitos a serem encaminhados para o aterro.

Estão obrigados à logística reversa, ou seja, ao retorno dos produtos após o uso pelo consumidor, independente dos serviços públicos de limpeza urbana, os segmentos de agrotóxicos, pilhas e baterias, pneus, óleos lubrificantes, lâmpadas fluorescentes e de produtos eletrônicos.

A coleta seletiva é uma das formas de assegurar que sejam efetivamente cuidados os resíduos sólidos reaproveitáveis ou reutilizáveis. A esse respeito, há na lei expressa orientação para priorizar a organização de cooperativas de catadores de materiais reutilizáveis e recicláveis, formadas por pessoas físicas de baixa renda, cuja contratação é dispensada de licitação.

Ainda que proibindo, a lei até mesmo permitiu que catadores de baixa renda – desde que organizados... – possam fazê-lo nos próprios lixões, o que vale como um reconhecimento pelo Estado de sua incapacidade de promover a inserção produtiva das pessoas no mercado de trabalho, a ponto de facultar-lhes modo de vida tão degradante para obter uma renda que costuma não alcançar meio salário mínimo. A rigor deveriam os municípios ser levados a coibir essa ação, permitindo apenas a atividade por meio da coleta seletiva prévia e até porque as cooperativas não dão conta de absorver toda a geração de resíduos correspondente.

Como se vê, nem todo lixo é lixo.

ÊNFASE NO TRANSPORTE COLETIVO

O transporte coletivo tem papel fundamental na estruturação das cidades, por isto requer atenção especial pelas administrações municipais. A partir dele podemos ter cidades mais eficientes ou tremendamente onerosas, desequilibradas e injustas. É preciso muito cuidado com o ônibus porque ele é um sistema invertebrado, não é estruturador, como os sistemas sobre trilhos. Ao contrário, solto, sem diretriz, o ônibus vai a qualquer lugar para onde seja mandado, servindo assim, por exemplo, a dar cobertura à localização inadequada de conjuntos habitacionais distantes das áreas infraestruturadas onde são assentadas populações mais pobres, onde chegará o transporte, com frequência inadequada aos interesses da população, mas onde continuarão faltando todos os demais serviços públicos relevantes para a vida urbana, inclusive oportunidades de trabalho e renda.

As sedes municiais muito pequenas sequer contam com sistema de transporte coletivo. É um bom estágio para cultivar a mobilidade ativa – os deslocamentos a pé ou de bicicleta. As prefeituras em geral – todas mesmo – precisam controlar o processo de urbanização, a começar por manter leis de perímetro urbano mais estrito, estimular a densificação, o uso misto do solo, a fachada ativa nas edificações verticais, reduzir o tamanho das quadras, impedir a formação de vazios urbanos, utilizar plenamente as áreas com disponibilidade de infraestrutura, para desenvolvermos cidades compactas.

Os projetos de infraestrutura urbana precisam deixar de ser projetos viários para se tornarem projetos de mobilidade, com predomínio do transporte coletivo, antes que projetos de novas avenidas e pistas para carros. Em relação ao ônibus o que precisa é privilegiar a implantação de faixas exclusivas em avenidas existentes e a construção de pistas exclusivas em novos projetos. Não mais uma infraestrutura viária que faz de nossas cidades um ambiente dedicado aos carros, antes que para as pessoas.

Embora seja um sistema de baixo investimento, algumas prefeituras de grandes cidades e o próprio Distrito Federal ainda dispõem de empresas de ônibus estatais, o que é descabido e injustificável. Já não servem mais sequer como padrão de referência, que era o argumento anteriormente utilizado para justificá-las. Hoje, a regulação, a concessão e a fiscalização são bastantes para permitir o controle público da qualidade do serviço, sem precisar alocação de capital inexistente nas prefeituras. Tampouco cabem subsídios, ainda hoje praticados inclusive por São Paulo, o maior de todos os municípios brasileiros.

O transporte de alta capacidade, pelo elevado volume de capital investido, requererá sempre investimento público, a exemplo dos sistemas metroviários, mas a operação privada é o melhor caminho para a eficiência, a conservação, a renovação e a expansão.

O BRT – *Bus Rapid Transit*, que transformou o ônibus em um sistema de alta capacidade hoje difundido por todo o mundo, foi criado no Brasil, em Curitiba, pelo arquiteto e ex-prefeito Jaime Lerner. Com o nome de TransMilenio, pela virada do Século, foi implantado em Bogotá, por outro prefeito inovador, Enrique Peñalosa, para ser o principal sistema de transporte daquela capital nacional, uma metrópole de seis milhões de habitantes. *Made in Brazil*, este é um modelo aplicável tanto a grandes metrópoles, integrado ou não a outros sistemas de transportes, inclusive metrô, mas também um modelo para reinar sozinho em médias e grandes cidades. Um importante *banchmarking* nacional.

Constitui, assim, o transporte o mais importante e estratégico serviço público local em relação ao planejamento e desenvolvimento urbano, precisando ser tratado de forma integrada e umbilicalmente articulada com as políticas de urbanização, de habitação e de expansão urbana, para possibilitar que as nossas cidades possam se reinventar, crescer para dentro de si mesma, preservando é claro os sítios históricos e as áreas de valor ambiental, mas sobretudo respeitando os interesses de toda a população, a quem deve ser assegurada um meio urbano de qualidade.

SERVIÇOS PÚBLICOS, OPERAÇÃO PRIVADA

O conjunto dos serviços públicos de competência das prefeituras, diretamente relacionados com o interesse local e a qualidade de vida da população – transporte coletivo, abastecimento de água, esgotamento sanitário, iluminação pública, limpeza urbana – estão todos fora do alcance de sua capacidade fiscal, razão pela qual são cobrados separadamente, ainda que prestados diretamente pelo próprio governo municipal. A população muitas vezes nem se dá conta disto quando, por exemplo, paga a tarifa do transporte coletivo, por já estar habituada; mas reclama da taxa de lixo cobrada junto com o IPTU; não vê a contribuição para o custeio da iluminação pública embutida na conta de luz; paga o consumo de água; mas estranha quando é adicionado na fatura o serviço de esgotamento sanitário.

Pior do que ter que pagar pelos serviços públicos é não contar com eles, ou tê-los de forma inadequada, sem regularidade e sem qualidade. Faltam às prefeituras não apenas capacidade financeira para disponibilizar os serviços, mas também capacidade técnica para gerir negócios que são complexos e custosos, o que também acarreta pouco domínio sobre os custos.

Na grande maioria dos municípios, onde existem, o serviço de transporte coletivo funciona por ônibus no precário regime de permissão, com veículos de propriedade individual, sem oficinas nem estrutura de manutenção; o abastecimento de água é concedido à empresa estadual de saneamento, sem pagamento de outorga e sequer contrato de programa ou operado diretamente por serviço autônomo municipal, incapazes de acompanhar a expansão da cidade; o esgotamento sanitário só existe em pouco mais da metade das cidades e apenas 43% da população possui esgoto coletado e tratado; a limpeza urbana resume-se a varrição e coleta, sem adequada disposição final do lixo; a iluminação pública é o mais estruturado e amplo dos serviços, geralmente operado por concessionárias. Ou seja, quando se trata de serviços públicos, a população da maioria das nossas cidades vive ainda no pior dos mundos.

Hoje em dia as boas práticas de gestão são as mesmas, tanto na área pública quanto na iniciativa privada, mas o setor público tem amarras institucionais, por exemplo, nas relações de trabalho com os servidores públicos e limitações nos valores adotados pelos políticos, que terminam afetando as questões de eficiência e taxa de cobertura dos serviços, comprometendo a eficiência e efetividade na sua prestação.

Daí que a atração do setor privado é fundamental para garantir que os serviços sejam prestados de forma adequada, já que o pagamento por eles existe em qualquer hipótese. O que vai ser diferente é a forma como essa atração vai se dar. E aí existem várias modalidades de relação entre os setores público e privado, abrangendo licitações, concessões e parcerias público-privadas. Nas licitações o Poder Público contrata o serviço e o remunera com recursos próprios. É o modelo menos adequado para serviços públicos, que devem ser remunerados pelos usuários e ter horizonte de longo prazo.

No regime de concessão uma empresa privada é contratada para prestar o serviço e cobra a tarifa dos usuários. É o modelo mais frequente para o transporte coletivo por ônibus. No caso de iluminação pública e limpeza urbana, as prefeituras remuneram as prestadoras com recursos das respectivas taxas. Em ambos os casos é preciso estar atento à necessidade de realização de obra e a sua contínua expansão.

As parcerias público-privadas, com prazo superior a cinco anos e porte mínimo, admite duas modalidades: a patrocinada e a administrativa e tem sido recentemente a alternativa mais buscada. A formação de consórcios é uma alternativa tanto para pequenas cidades, por falta de escala, quanto para regiões metropolitanas e aglomerações urbanas, pela conveniência de integração e otimização dos serviços.

Para todos os casos é indispensável a existência prévia de estudos básicos e projetos técnicos cuidadosamente preparados, inclusive para definir a modelagem mais adequada.

CIDADES SUSTENTÁVEIS

ECONOMIA TAMBÉM É ASSUNTO MUNICIPAL

Se uma Prefeitura tem no Fundo de Participação dos Municípios (FPM) a sua principal fonte de receitas, este é um claro indicador da insustentabilidade econômica do Município: reflete o fato de que o município não tem uma base econômica em que se sustentar. Economias dinâmicas geram ISS, o imposto sobre serviços, e cota-parte do ICMS, o imposto sobre a comercialização de bens e serviços. Se não há base econômica não há receita pública; se não há receita pública não há capacidade de investir e prestar serviços.

Um município sem dinamismo econômico não gera sequer IPTU, porque o patrimônio imobiliário tem pouco valor. Viver de transferências constitucionais obrigatórias condena a Prefeitura a cuidar vegetativamente apenas e tão somente de sua automanutenção, sem recursos para atuar na área social, na infraestrutura, na prestação dos serviços públicos, no bem-estar das pessoas e na qualidade urbana.

Por isso os prefeitos precisam se voltar para a economia do município. A vida econômica ocorre no setor privado. É lá que são geradas as oportunidades de trabalho para a população e a renda para as famílias. A abertura de empresas significa menos gente na porta da prefeitura pedindo emprego ou auxílio social. Ou esta não é uma dor de cabeça dos prefeitos? Afinal, pressão por emprego na máquina pública arromba o teto de gasto com pessoal e complica o prefeito na Lei de Responsabilidade Fiscal.

Cada município tem alguma oportunidade ou possibilidade econômica. O primeiro passo é conhecê-la, para então promover os desdobramentos que ela possa proporcionar. Nenhum município é terra arrasada. Às vezes é difícil dar o primeiro passo, mas é preciso romper a inércia. Atuando de forma mais arrojada, será até possível criar diferenciais que levem à atração de alguma atividade nova e específica, capaz de fazer o município sair do anonimato.

Qualquer que seja a âncora econômica local, é preciso explorar a cadeia produtiva correspondente, para fortalecer o município. Importante e indispensável é que a Prefeitura tenha um olhar para a economia e seja capaz de fazê-la vicejar. O caminho poderá estar no comércio, na agricultura, na pecuária, no turismo, na mineração, na indústria ou nos serviços. Certamente em mais de um desses setores.

Ao contrário do que muitos ainda pensam, os municípios precisam fazer política de desenvolvimento econômico. Gerar trabalho e renda é também uma tarefa e responsabilidade do Prefeito. Economia também é assunto municipal.

Esta é, no entanto, uma lacuna que muitas prefeituras ainda ostentam. Cada município tem a sua identidade e o seu perfil; cada caso requer abordagem específica para o aproveitamento de suas potencialidades. É preciso também olhar em volta, para a região de que faz parte, e associar-se aos municípios vizinhos e próximos, com perfil similar, para tirar proveito das sinergias que possam ser estabelecidas. Abre-se aqui espaço para um bom experimento de federalismo horizontal, mediante trabalho conjunto.

É preciso estar sempre atento às políticas e prioridades estaduais e federais, para aproveitar as parcerias com o estado e a União, mas somente uma economia forte será capaz de permitir que o município quebre o alinhamento automático e a dependência das políticas públicas dos outros níveis de governo para afirmar as peculiaridades locais e regionais.

Enquanto a Reforma Tributária não sai ou o novo Pacto Federativo não anda, o Prefeito precisa continuar reivindicando recursos e investimentos em Brasília, mas, paralelamente, é preciso trabalhar sempre buscando identificar e construir o próprio caminho. Isto só será conquistado com o sucesso de uma agenda econômica local.

TURISMO É UMA BOA

Dentre as diversas atividades econômicas que se oferecem aos municípios, o turismo merece um destaque específico porque é uma possibilidade presente em cada um deles, ainda que seja apenas como atrativo para os que já têm vínculos locais. E o turismo se apresenta como uma boa opção econômica pela grande capacidade de envolver sempre uma ampla cadeia de micro e pequenas empresas e gerar elasticamente oportunidades de trabalho e renda.

Face à enorme diversidade de ambientes naturais e culturais do país, é imenso o potencial de atrativos que podem ser desenvolvidos. Não é sem razão que o Mapa do Turismo Brasileiro já abrange nada menos que 2.694 cidades por todo o país, agrupadas em 333 regiões turísticas.

O turismo tem a vantagem de comportar várias configurações distintas, atraindo públicos específicos, com base em características próprias de cada lugar. Assim, o turismo pode ser de lazer, negócios, esportivo, cultural, religioso, náutico, rural, ecológico e muito mais. Cada lugar pode então encontrar o seu espaço nesse amplo espectro de segmentos para atrair contingentes mais ou menos numerosos de visitantes.

Em um município, um único atrativo natural pode servir de base para o início da construção de um destino turístico; uma única pousada com algum diferencial é suficiente para dar início a um fluxo turístico em direção a uma localidade; o fabrico de uma bebida, alcoólica ou não, ou um prato específico, constitui a base para desenvolver um ponto de atração.

Os festejos tradicionais, cívicos e religiosos podem se tornar algo mais que simples eventos locais; a gastronomia pode se constituir em uma importante alavanca – não é sem razão que numerosos *chefs* constroem sua fama nas grandes cidades pesquisando ingredientes e hábitos alimentares no interior do país; o artesanato apresenta potencial muitas vezes desconhecido e pouco valorizado localmente; o patrimônio histórico tem uma grande força de atração, mas a arquitetura em geral, representada por velhos casarões urbanos ou antigas sedes de propriedades rurais pode constituir um grande atrativo; sol e praia, nem precisa falar; mas também rios, cachoeiras, lagos, com seu potencial de esportes aquáticos e ecoturismo; também as práticas de bicicross e motocross, que precisam encontrar rotas apropriadas. Enfim, o turismo é um segmento tão rico e diversificado que até a observação de pássaros, para citar um exemplo mais exótico, constitui base de sustentação.

Nas grandes cidades, equipamentos de grande porte, como centros de convenções e eventos, pavilhões de feiras e exposições, equipamentos culturais, de recreação e lazer encontram o seu espaço, atraindo e dando sustentação a grandes redes hoteleiras. Mas não só isto: os exemplos do bumbódromo de Parintins, com seu festival folclórico em pleno interior do Amazonas; a festa do peão boiadeiro de Barretos, no interior de São Paulo; o São João de Campina Grande, na Paraíba; o Natal Luz de Gramado, no Rio Grande do Sul, são exemplos que o país nos dá de exploração saudável do turismo, criados a partir de iniciativas e valores locais.

Tudo isto precisa, naturalmente e depois, de visibilidade, marketing, divulgação, promoção e, sobretudo, profissionalismo. No Mapa do Ministério do Turismo os municípios são categorizados de "A" a "E". Além de representar o desempenho das economias turísticas locais, o Mapa subsidia a alocação de investimentos federais por parte do governo da União. Assim, convém que as prefeituras, pelas suas secretarias encarregadas de promover o desenvolvimento econômico, procurem se inserir nesse instrumento de gestão do governo federal, mantendo atualizados os seus dados.

Uma das consequências esperadas da pandemia recente é que as longas viagens sejam, por algum tempo, reduzidas e substituídas por viagens mais curtas, abrindo espaço ainda maior para o turismo doméstico, local e regional.

O CAMINHO DA SUSTENTABILIDADE

Há algumas décadas essa política era apenas de proteção ambiental. Cuidava-se de evitar a poluição, de proteger as áreas verdes e os cursos d'água, de criar unidades de conservação da natureza. Hoje a dimensão é outra e bem mais ampla. Agora é sustentabilidade e até deixou de ser apenas ambiental, tornando-se também físico-territorial e socioeconômica. Há aí uma responsabilidade que os prefeitos precisam ter presente e de forma permanente, em um momento em que as cidades têm se tornado cada vez mais protagonistas no mundo do Século XXI, articuladas em torno de redes de parcerias que facilitam o intercâmbio de experiências.

Seja em relação aos desastres, naturais ou provocados pelo homem - área de atuação da Defesa Civil - seja em relação aos choques - como o do coronavírus, que estamos vivendo - ou aos estresses provocados pelos desequilíbrios estruturais do processo histórico de desenvolvimento, a sustentabilidade se impõe como antídoto à vulnerabilidade.

Neste contexto se apresenta o conceito de resiliência urbana como um novo marco do planejamento, voltado para a capacidade de uma cidade - suas instituições, sistemas, comunidades e indivíduos - reagir aos choques e estresses crônicos, sobrevivendo, adaptando-se e crescendo, sempre sob o signo do desenvolvimento estável e equilibrado.

São vários os problemas a serem enfrentados no sentido de adequar os sistemas urbanos a esta nova agenda global, equacionando questões que ora têm fundo cultural, ora social, ora econômico. As mudanças climáticas também aconselham e fortalecem as preocupações com a sustentabilidade pelos eventos extremos que, com muita frequência, têm provocado.

Atenção especial merece, principalmente nas metrópoles e grandes cidades, a realização do inventário de emissões dos GEE, os gases de efeito estufa, como base para a definição de programas e projetos que visem a sua redução e controle. Isto remete diretamente à reestruturação dos sistemas de transportes nas cidades - que é aqui o grande vilão - não apenas no sentido de promover a troca do combustível, mas sobretudo de alterar esta estrutura, abdicando do veículo individual em favor de mobilidade ativa e do transporte coletivo.

Também aí a questão das favelas - que em tempos de pandemia ganhou visibilidade e urgência - por conta da precariedade das habitações, da falta de saneamento básico (água e esgotamento sanitário) e de serviços de saúde, escancarando essa fratura exposta das mazelas urbanas do país. Este é um problema que põe em tela a necessidade de uma ampla revisão da política habitacional da União, a implementação do novo marco legal do saneamento e a expansão do SUS.

Os gestores das cidades pequenas e médias precisam estar atentos, observando esses problemas e seus desafios, acompanhando os debates, para evitarem a reprodução de um modelo que está bichado e ganharem tempo e espaço com a oferta de uma melhor qualidade de vida para suas populações.

Como em tantos outros campos, a ação pública não se dá apenas por investimento direto, mas também - e de forma crescente - pela indução. É o caso dos incentivos à geração distribuída de energia limpa, por meio das políticas do IPTU Verde, do IPTU Amarelo e, mais além, pela Outorga Verde, que envolve a indústria imobiliária. Trata-se apenas de um exemplo, mas há outros usualmente adotados como a redução do ISS para *startups* e empresas de base tecnológica.

É preciso estabelecer em cada governo local as bases para o crescimento sustentável. Uma fonte de referência extremamente rica está na Agenda 2030, os Objetivos de Desenvolvimento Sustentável das Nações Unidas.

A busca pela sustentabilidade é um caminho sem volta.

A INTELIGÊNCIA DAS CIDADES

Em plena era dos algoritmos, dos *big data* e da inteligência artificial, as cidades não podem continuar sendo administradas no escuro, atoladas em um passado que já não existe mais, por conta de uma defasagem tecnológica, administrativa e gerencial que, a persistir, vai excluí-las da convivência global. A saída é o uso da inteligência, é tornar-se uma *smart city*.

O primeiro passo é preparar a Prefeitura para participar desse novo mundo, adotando o governo digital. Incorporar de forma acelerada a informatização dos procedimentos internos – com o devido cuidado para não transferir a burocracia para o mundo digital – há de constituir-se em uma etapa preliminar para estar em condições de digitalizar as relações com a cidadania, montando centrais de atendimentos que sejam capazes de reduzir ao estritamente necessário os tempos de conceder licenciamentos, de cadastrar a abertura de uma empresa, de atender às demandas das pessoas.

Somente uma prefeitura eficiente será capaz de acompanhar o passo do tempo presente, fazendo com que sua gestão corresponda às expectativas da população. As pessoas já estão nas redes sociais, cada vez mais utilizam aplicativos, fazem reuniões virtuais, compram no *e-commerce*, estudam à distância, trabalham *online* e não suportam mais ficar correndo atrás de certidões e de reconhecimento de firma para falar com a prefeitura.

Quanto às cidades, já existe disponível todo um arsenal de soluções para acompanhar em tempo real sua operação e funcionamento, resolvendo no ato os eventuais problemas e identificando, para corrigir, os estruturais. Trânsito e tráfego, socorro médico, controle dos veículos de serviços como ônibus, ambulâncias e limpeza pública, vigilância patrimonial, defesa civil, iluminação pública, manutenção urbana, entre outros, além de apoiar os bombeiros e as polícias civil e militar. A gestão da educação, da saúde e da assistência social muito têm a ganhar com o uso desses recursos tecnológicos.

Mas é preciso estar atento: cada município precisa primeiro definir as suas prioridades para depois saber escolher os serviços de que necessita. Não pode sair comprando qualquer novidade que lhes ofereçam como sendo o santo graal das soluções miraculosas para os problemas de digitalização da prefeitura e da cidade, mesmo porque as cidades não são iguais em suas necessidades. Primeiro saber o que precisa e o que quer, para só então ir ao mercado buscar a mais adequada solução disponível. Até porque, os gastos com serviços de informática estão se tornando o mais novo item de desperdício e de elevado peso nas despesas do custeio governamental. É preciso ter cuidado para não comprar gato por lebre. Tampouco precisa ser feito tudo de uma vez só, mas dentro de um plano escalonado de prioridades, investimentos e absorção pelos usuários.

O lançamento de um cabo de fibra ótica é essencial para promover a interligação de todas as unidades administrativas e operacionais, tais como escolas, unidades de saúde, centros de assistência social, centrais de atendimento, equipamentos públicos em geral além de suportar uma densa rede de câmeras urbanas que ademais de atender aos serviços próprios, subsidiam a segurança pública. Nos tempos de hoje, é mais apropriado investir em uma rede de fibra ótica do que na construção de um centro administrativo.

Essa nova infraestrutura, tão importante e estratégica, pode ser implantada e operada pela iniciativa privada, assim como ter seu uso compartilhado com as atividades privadas locais, reduzindo custos e fomentando a melhoria geral do desempenho do governo e das empresas. Um outro benefício daí advindo é a disponibilização de *wi-fi* nos espaços públicos e a criação de ambientes de *coworking*, estimulando o uso das tecnologias da informação e da comunicação, já hoje em dia essencial e indispensável para todos.

CELEIRO DE INOVAÇÕES

O ambiente urbano é, por excelência, um celeiro de inovações. É preciso aproveitá-lo. Daí porque hoje em dia é essencial estimular, em cada município, o desenvolvimento de um ecossistema de inovação e empreendedorismo.

O empreendedorismo tem sido o caminho para o fortalecimento de micro e pequenas empresas convencionais, além da formalização do microempreendedor individual (MEI), com o que contribui fortemente o SEBRAE, dando suporte à capacitação e consultorias especializadas.

Tornou-se, no entanto, modelar a criação de espaços apropriados para a realização de atividades inovadoras. As incubadoras de empresas são o formato assumido por essas iniciativas, que vêm apresentando nomes marqueteados para estimular ainda mais a criatividade. Caracterizadas por ambientes físicos mais descontraídos, mas amplamente apoiados em tecnologia e bem infraestruturados para concentrar e estimular atividades em que se inserem as *startups* e todo o apoio de que precisam: monitoria, aceleradores, investidores-anjo, bancos, capacitação, salas de reuniões e treinamentos, escritórios virtuais, espaços para eventos, *showroom*, laboratórios de pesquisa, espaço de *coworking* e vários serviços compartilhados de apoio. Uma característica é a permanência aí por tempo limitado. O resultado esperado é a transformação da economia local.

A expectativa será sempre o surgimento de novos unicórnios – aquelas *startups* que crescem tanto a ponto de ultrapassar em faturamento a casa do bilhão de dólares. Geralmente são iniciativas disruptivas, capazes de provocar alterações radicais nos modelos de negócios até então vigentes, a exemplo dos aplicativos de transporte (Uber, 99), aluguéis por temporada (Airbnb), serviços financeiros (Nubank, PagSeguro), entrega de alimentos (iFood) e assim por diante.

Em relação às cidades e soluções urbanas, há um amplo leque de *startups* já desenvolvidas e utilizadas como para a locação de bicicletas e patinetes, o aluguel de imóveis, as entregas rápidas, entre outras. Muito espaço há, pois, para a melhoria do funcionamento de nossas cidades.

Ainda que as *fintechs* tenham se tornado as mais notórias, as *startups* se destacam em vários outros setores como as e*dtechs*, *agtechs*, *autotechs*, *biotechs*, *lawtechs*, *indtechs* etc., todas com os acrônimos indicando os respectivos setores de atuação, o que mostra a variedade e diversidade de opções que se destacam e têm espaço no mercado.

Embora predominem as incubadoras de base tecnológica – e todas elas envolvem o uso intensivo de tecnologia – podem e devem assumir perfis específicos, em conformidade com o interesse da cidade que for implantá-la. Nesses casos, a integração com a base econômica local constitui uma importante referência para definir o perfil de uma incubadora. Se o município conta com um segmento econômico que lhe é relevante, pode ser este o suporte para o estímulo a novas e modernas atividades, tirando proveito das sinergias possíveis.

Há, no entanto, outras incubadoras de características mais gerais, como as dedicadas à economia criativa, voltadas não apenas às artes, mas também à gastronomia, à moda, ao *design* e tantas outras atividades econômicas que gravitam nessa área; também há o caso da busca por projetos de impacto social, voltada à superação dos problemas da desigualdade, a partir do desenvolvimento de negócios sociais; o setor de serviços, que é hoje a principal alavanca da economia, constitui outra vertente bastante rica e diversificada de objetivos. Existe, portanto, um amplo leque de opções e alternativas, para servirem de inspiração a uma definição sob medida para as prefeituras que as queiram implantar.

Em qualquer hipótese, a construção de parcerias é essencial para que a Prefeitura não enverede sozinha por uma área para a qual não tem experiência nem capacidade gerencial. Mas a articulação e implantação de uma incubadora de negócios pode ser um primeiro passo estratégico para a abertura de novas perspectivas econômicas para um município.

O BEM-ESTAR DAS PESSOAS

CULTURA É ESSENCIAL

Entre nós, cultua-se pouco a Cultura. Mas ela é indispensável para a formação humana e, portanto, precisa estar na agenda das Prefeituras, por menor que seja o Município. A valorização das expressões culturais locais deve ser o primeiro passo das ações culturais de um município, porque é algo que só sobreviverá se forem prestigiadas pela Prefeitura e constituem a sua própria identidade. É preciso valorizar e dar visibilidade à Cultura local.

Aqui inclui-se um amplo leque de atividades, por onde transitam as tradições, o folclore, o conhecimento tradicional, o artesanato, crenças e lendas, mas também as artes em geral, formando um conjunto diversificado e eclético que precisa ser trabalhado de acordo com as características e os valores locais. A cultura é um poderoso fator de desenvolvimento.

Nesse campo, bem mais importante do que construir instalações suntuosas, que mesmo nas grandes cidades costumam ficar ociosas ou subutilizadas, a tarefa é promover a Cultura, mediante a disponibilidade de apoio financeiro para a dinamização das atividades. Em relação à infraestrutura, em cidades menores, mais interessante é ter um único espaço multiuso, que sirva conjuntamente ao teatro, à música, à dança, ao cinema e a outras manifestações culturais. Na falta de equipamentos – e mesmo na existência deles – espaços não convencionais podem se constituir em locais apropriados para a Cultura.

O equipamento urbano se constitui de sua infraestrutura – o prédio, e do serviço – a atividade. Em relação à Cultura o serviço é muito mais importante que a infraestrutura. Entre nós, contudo, a ordem costuma ser invertida e a infraestrutura é confundida com a própria atividade. Aplica-se aqui uma espécie de regra geral, segundo a qual gostamos de executar obras, mas não somos bons administradores de serviços. É preciso caprichar nas atividades. Mais importante é mobilizar e incentivar agentes e instituições culturais.

Um dos segmentos culturais mais negligenciados entre nós é o das bibliotecas públicas. É preciso despertar o hábito e o prazer pela leitura. Com o mundo virtual em que vivemos as bibliotecas ganham ainda um outro perfil, porque agora não é mais preciso ter um grande acervo físico de livros. E bibliotecas importantes podem ser acessadas *online*. Daí, a associação das bibliotecas com ambientes de informática passam a ser um novo modelo para o equipamento, podendo gerar resultados extraordinários. A sugestão é reunir em um mesmo prédio a biblioteca, um espaço de *coworking,* um laboratório de ciências e uma sala de reuniões e treinamento, criando um equipamento híbrido, moderno, dinâmico, capaz de juntar conhecimento com inovação, potencializando o seu impacto social.

Atenção especial merece o patrimônio histórico local, independente de outros atributos, pelo seu valor intrínseco em relação à história do lugar, devendo ter aproveitamento adequado. O que parece não ter valor, pela convivência diária, e às vezes até o uso, é relevante para as futuras gerações. Imóveis, documentos, utensílios, monumentos, públicos e privados, são elementos que precisam ser tombados e preservados.

Convém mapear os festejos cívicos, religiosos e populares do município e identificar as várias expressões e grupos artísticos locais. São todos conhecidos, mas estão isolados e desconexos. Eles constituem a base inicial para a montagem de uma programação cultural e o estabelecimento do calendário de eventos do município, passo fundamental para estruturar e dar visibilidade à ação cultural da Prefeitura.

Em uma ação já mais estruturada, a publicação de editais de chamamento público para o fomento cultural às diversas manifestações artísticas constitui estágio importante para o fortalecimento da política pública de cultura.

Para termos um país melhor, cultura é gênero de primeira necessidade.

DOS ESPORTES E LAZER

As prefeituras costumam se omitir na formulação de uma política pública de esportes e lazer, contando com que a população, por iniciativa própria, dê conta do recado, encontrando as suas próprias alternativas. Na realidade, toda localidade tem, pelo menos, o seu campinho de futebol improvisado, onde a garotada e até os adultos se divertem. Mas isto é muito pouco.

Quando se fala em esportes, não se pode pensar apenas em futebol, o esporte mais popular entre nós, mas no conjunto de atividades que envolve todo o setor. Uma boa referência podem ser os esportes olímpicos, não sob o prisma da alta performance, mas como um leque de atividades de prática mais comum em todo o mundo, inclusive em nosso país.

O que se trata aqui é da necessidade de uma política estruturada para as atividades de esportes e lazer que cada Município precisa ter, para atender aos seus cidadãos, criar e oferecer opções para sua população, atendendo às distintas faixas etárias e atraindo a juventude para atitudes sadias.

Não se pode esperar que municípios minúsculos do ponto de vista demográfico, frágeis do ponto de vista econômico e limitados do ponto de vista fiscal venham a estabelecer políticas que incluam compromissos de alto rendimento nas suas agendas esportivas, mas é indispensável que existam ações estruturadas capazes de mobilizarem e servirem à comunidade local. Cuidar dos esportes e do lazer da população também é política pública, principalmente no nível municipal de governo.

Tampouco é preciso contar com um estádio de futebol ou um ginásio de esportes para implementar uma política nessa área. Até porque esses equipamentos, onde existentes, destinam-se ao esporte profissional. Mas certamente há, em cada cidade, espaço para uma quadra polivalente em uma praça pública, um campo de futebol nos arredores ou uma sala onde possa ser colocado um tatame ou uma mesa de tênis de mesa.

Frequentemente as escolas contam com infraestruturas e equipamentos, como quadras poliesportivas, redes, bolas etc. que ficam inacessíveis à população, embora fechadas fora do horário de aulas, caracterizando uma subutilização dos investimentos públicos; por outro lado, equipamentos existentes na cidade precisam estar à disposição das escolas, para uso pelos seus alunos, de preferência no contraturno.

É indispensável otimizar o uso dos recursos existentes, para atender à população. Ao órgão responsável da prefeitura – que não precisa ser uma secretaria – cabe promover as atividades, alocando os horários, organizando os grupos, estruturando campeonatos, fornecendo materiais, atribuindo premiações e coordenando a programação. Desejável que sejam disponibilizados instrutores para diversas modalidades; campeonatos escolares e de bairros podem se constituir em elementos motivadores da comunidade.

Esta atenção é tanto mais importante agora, quando as preocupações com a vida saudável tem feito com que cada vez mais pessoas pratiquem esportes, caminhadas, ciclismo etc., em atividades ao ar livre, que as prefeituras precisam apoiar, criando as condições necessárias. Isto está diretamente relacionado com o urbanismo, os projetos de infraestrutura, iluminação pública, manutenção urbana, entre outros. É essencial a instalação de parques infantis para as crianças, assim como a criação de espaços de lazer para idosos, com ambientes para exercícios físicos, jogos de mesa e convivência.

É interessante observar como muitas vezes, grandes revelações vêm de condições naturais, independente de investimentos públicos, que estão lá disponíveis e não são percebidas. Por exemplo, foi do baixo rio de Contas, na Bahia, que saiu o campeão olímpico brasileiro de canoagem – Isaquias Queiroz, e não apenas ele, mas toda uma plêiade de atletas. Uma sólida cultura de canoagem desenvolveu-se na área.

As prefeituras precisam estar atentas. De repente, quando menos se espera, sai um campeão olímpico.

PARQUES SÃO FONTES DE VIDA

Um fragmento florestal remanescente, uma lagoa, um rio ou riacho que atravessa a cidade ou uma área descampada, podem dar lugar ao surgimento de interessantes e diferenciados espaços urbanos. Fato é que toda cidade merece ter um parque público. Neste sentido, toda cidade pode ter o seu Central Park. Grande ou pequeno, arborizado ou descampado, seco ou com espelho d'água, tanto faz. As áreas originais serão objeto de projeto a ser elaborado para tornarem-se equipamentos urbanos. Importante é que cada cidade tenha pelo menos um parque público.

No Plano Diretor de uma cidade, a primeira coisa a ser vista são as manchas verdes, as áreas de proteção permanente na margem dos rios e lagoas, os acidentes naturais que não devam ser ocupados, ou qualquer outra característica específica que a cidade tenha. A partir daí tem-se um vasto campo de trabalho para qualificar o ambiente urbano com equipamentos que melhorarão a qualidade de vida dos moradores, atrairão visitantes e assegurarão espaços livres e abertos.

Parques lineares, ao longo dos cursos d'água que atravessam as cidades, constituem uma boa solução para a preservação das áreas de proteção permanente - uma obrigação do Código Florestal - além de permitir a implantação de ciclovias, pistas para caminhadas, bolsões para exercícios, implantação de quadras de esportes, mas também para a passagem das redes de esgotamento sanitário. Com isto, quando no interior de ocupações precárias, além de área de lazer e esporte, podem cumprir o importante papel de permitir o acesso do saneamento básico e dos veículos de serviços públicos, como o caminhão de limpeza, ambulância, bombeiros e o próprio transporte coletivo complementar. Essas áreas - a experiência internacional tem demonstrado - constitui também condição facilitadora para a paz social, inibindo a violência.

Outra função relevante é a proteção de nascentes, preservando as fontes de produção de água. Há assim um conjunto de fatores positivos que são deflagrados a partir da criação de parques urbanos, com reflexos positivos para as cidades e as pessoas.

Nas grandes cidades, parques costumam tornarem-se referências urbanas, constituindo-se em importantes marcas da imagem das cidades e convertendo-se em símbolos do lugar, ainda que no conjunto haja déficit de áreas verdes; as pequenas e medias cidades, contudo, têm a chance de crescerem com disponibilidade de áreas verdes compatíveis com os padrões recomendados.

Outro aspecto relevante relacionado com o tema é a arborização urbana, indispensável para o sombreamento nos espaços públicos, amenizando o clima e protegendo as pessoas ao caminharem pelas vias públicas.

Convém ainda que cada prefeitura tenha o seu próprio viveiro de mudas, com espécies de árvores do bioma em que está inserido o município, assim como frutíferas. É importante que a prefeitura estimule e apoie o plantio nos lotes particulares. Assim, ao invés de ter que comprá-las, a prefeitura terá condições de suprir suas próprias necessidades e disponibilizá-las para a comunidade, contribuindo para a melhoria da qualidade do ambiente urbano.

Também a criação de hortas, sobretudo escolares, com utilização da produção na merenda escolar, mas também comunitárias, permitindo o aproveitamento de áreas degradadas ou subutilizadas existentes em todas as cidades, não somente produzem alimentos saudáveis como criam consciência ambiental e estimulam a cidadania.

Em qualquer circunstância, os parques e áreas verdes são ambientes saudáveis que se incorporam às cidades e ao uso urbano, trazendo apenas efeitos positivos. O uso intensivo pela população, sobretudo em face dos valores contemporâneos em busca da vida saudável, constituem um atrativo diferenciado e efetivo para a integração social e a qualificação da vida urbana.

TEM, MAS TÁ EM FALTA

Aproprio-me aqui de uma expressão muitas vezes ouvida no balcão do comércio para informar ao cliente que a casa não dispõe, momentaneamente, de um determinado produto. E o faço a fim de chamar a atenção para um patrimônio invisível que geralmente todas as cidades dispõem, mas do qual não fazem bom uso e ficam os vários segmentos diretamente interessados a reivindicarem ou os próprios prefeitos a desejarem que seja construída uma nova estrutura para uma determinada finalidade.

Refiro-me ao enorme desperdício em que se encontram equipamentos culturais, esportivos, sociais, de lazer e, mais recentemente, até tecnológicos, existentes por esse país afora, que não são devidamente aproveitados nem utilizados por conta da nossa gestão departamentalizada, burra e cega. Vamos aos exemplos:

Toda cidade tem um campo de futebol; e na cidade pelo menos uma escola tende a ter uma quadra de esportes. Acontece que o campo de futebol não é utilizado pelas escolas, nem a quadra é utilizada pela população. O campo de futebol só funciona aos domingos; a quadra fica fechada nos finais de semana. E a cidade continua carente de programas esportivos... Tem, mas tá em falta.

Nas escolas costumam existir pequenas bibliotecas e laboratórios de informática, de uso exclusivo dos alunos e apenas nos horários de aulas, que ainda assim não são utilizados pedagogicamente e ficam ociosos mesmo nesses horários. É proibido o acesso de pessoas estranhas... Tem, mas tá em falta.

Toda comunidade tem algum colecionador, cujo acervo fica invisível para a coletividade, ou alguma família que guarda coisas do passado, sejam utensílios domésticos, móveis de época, documentos, fotografias, especialmente nas propriedades rurais, às vezes até ainda em uso, mas a cidade não dispõe um museu. Não é possível reunir, por doação ou empréstimo, todo esse acervo em um só lugar – reaproveitando um velho armazém ou depósito – e fazer o Museu da Cidade?... Tem, mas tá em falta.

O antigo cinema está fechado; uma escola tem um teatro; uma família tem um piano; os equipamentos da banda marcial da escola passam todo o ano no depósito, para usar apenas no destile do 7 de setembro que, aliás, já não estão fazendo mais; a velha filarmônica está desativada e os seus instrumentos se perdendo, mas a cidade não tem um Centro Cultural nem uma programação artística... Tem, mas tá em falta.

São apenas alguns exemplos – e provocações – acerca da disponibilidade de equipamentos, bens e infraestruturas, um vasto patrimônio que passa desapercebido aos nossos gestores públicos municipais, especialmente os secretários de Educação, de Cultura, de Turismo, de Esportes e Lazer, que passam todo o tempo queixando-se da falta de recursos e reivindicando a construção de equipamentos para suas comunidades.

No setor público brasileiro costumamos ser, geralmente, ótimos construtores de obras e edificações, mas péssimos gestores de serviços. Tanto é assim que, nas cidades onde esses equipamentos foram construídos, muito frequentemente encontram-se ociosos – às vezes, degradando-se – ou, na melhor hipótese, subutilizados.

No campo da cultura, das artes, dos esportes, do lazer, e inclusive do turismo, a primeira prioridade tem que ser os serviços. Não são secretarias de obras, a ficarem construindo equipamentos. É preciso aprender a trabalhar utilizando os espaços e equipamentos públicos – a rua, a praça, a escola e tudo mais que houver.

É chegada a hora de fazer, em cada município, um grande e permanente mutirão, reunindo as instalações e os meios de que se dispõe, para dinamizar a vida cultural, artística, esportiva e de lazer das nossas cidades. Vários arranjos são possíveis e desafiam a própria criatividade. É preciso romper as barreiras burocráticas da departamentalização e integrar os equipamentos e as infraestruturas, transformando-os em áreas de uso compartilhado, para desfrute de toda a população.

UM ENCARGO FORA DO LUGAR

Definitivamente a questão da segurança pública ganhou uma dimensão e uma escala extremamente preocupante em nosso país, com o avanço do crime organizado, o crescimento do tráfico de drogas e de armas, amedrontando a população. Neste contexto, é fora de qualquer propósito colocar o Município nesse jogo.

A Constituição Federal (Art. 144, §8º) apenas autoriza que os municípios possam constituir guardas municipais e destinadas tão somente à proteção de seus bens, serviços e instalações. Não tem qualquer cabimento querer transformá-la numa força policial, ainda por cima armada. É, no entanto, o que foi autorizado pelo Estatuto do Desarmamento, nos municípios a partir de 50.000 habitantes. Ou seja, as guardas municipais já tinham direito a porte de arma antes mesmo que houvessem sido regulamentadas, o que só veio a ocorrer em 2014. A CF não atribui função de segurança pública à guarda municipal, o que foi, no entanto, indevidamente estendido na regulação. A isto o STF devia prestar atenção.

Situado na base da pirâmide federativa, não deve caber ao município qualquer responsabilidade na área da segurança pública. Não devem os municípios aventurarem-se nesta seara, nem pode a União empurrá-los para este ringue. Se os estados não estão dando conta das ações de segurança pública - até porque nunca se prepararam adequadamente para a missão - não é ao Município que se deve recorrer com o pedido de socorro, mas à União.

A presença da guarda municipal neste cenário mais confunde do que esclarece, levando a população a imaginar que com sua existência está mais protegida. No momento em que a vigilância patrimonial pode tornar-se eletrônica, ganhar eficiência e reduzir custos, fomenta-se a criação de um novo encargo para os municípios - a guarda municipal. Um nome pomposo, para uma pseudo tropa, que adota cada vez mais os sinais exteriores de força pública - uniformes, insígnias, hierarquia, rotina de trabalho - mas que não segura absolutamente nada. Além disto, ainda tem controladoria e ouvidoria próprias, embora seja apenas uma agência administrativa. Para os fins efetivos a que se destinam, custavam menos e tinham mais eficiência os bons e velhos vigilantes e mensageiros.

Aliás, a guarda municipal de hoje não substitui nem a antiga vigilância noturna – que tomava conta do quarteirão fazendo soar o seu apito na calada da noite – nem a velha guarda civil estadual – que desfilava com seus cassetetes na cintura, inibindo as malandragens. Eram outros os tempos, que não voltam mais. Quais indicadores de segurança melhoram ante a existência de uma guarda municipal?

Do ponto de vista da gestão pública, a criação de guardas municipais é uma inciativa desnecessária, em um cenário institucional onde os gastos com pessoal e previdência constituem o nó górdio das administrações municipais. A não ser que o objetivo seja apenas o de criar um cabide de empregos de baixa produtividade, sem função social definida.

No âmbito da segurança pública ao município cabe contribuir de forma indireta, com o chamado "urbanismo social". Colabora – e aí precisa fazer bem feito – urbanizando os espaços públicos – ruas, praças, parques; dotando os ambientes públicos de iluminação de qualidade; evitando a formação de favelas, com sua natural desorganização urbana; implantando equipamentos sociais nas existentes; fiscalizando corretamente as atividades potencialmente suspeitas, para evitar desvios de finalidade; gerando oportunidades de estudo, trabalho e lazer para os jovens, entre outras ações que são capazes de, indo na mão certa, evitar que o crime encontre ambiente fértil em sua cidade ou em seu território.

Não fazendo o menor sentido a participação dos municípios na política de segurança pública, a criação de uma guarda municipal é, decididamente, um luxo desnecessário. Mais apropriado é cobrar dos estados que cumpram o seu papel.

GESTÃO MODERNA E INOVADORA

RUMO À MODERNIZAÇÃO ADMINISTRATIVA

Sendo o nível de governo mais próximo da população, a modernização administrativa das prefeituras há de focar principalmente as unidades operacionais, o atendimento à população. Mas é fora de dúvida que a precariedade de muitas prefeituras requer, na prática, medidas que significariam sua própria e efetiva instalação. Nem por isto devem ser priorizadas instalações administrativas vis-à-vis a prestação de serviços. Antes, constitui algo a ser feito de forma articulada e integrada, cuidando-se setor a setor. Não há, assim, uma regra geral a ser seguida, sendo necessário uma análise caso a caso, com o cuidado de não passar as urgências na frente das prioridades.

Com efeito, é deplorável a falta de condições de funcionamento que algumas prefeituras apresentam, com reflexos desastrosos sobre o exercício de suas funções e a prestação dos seus serviços. Muitas prefeituras funcionam ainda, por assim dizer, na idade da pedra lascada, sem rotinas, sem procedimentos, sem controles, sem prazos. Enquanto isto, outras já surfam na onda da modernidade, incorporando soluções tecnológicas e inovando na prestação de serviços. Em sendo assim, é preciso trazer para o presente as prefeituras – e são muitas – que se encontram atrasadas neste processo, com graves prejuízos para os seus cidadãos e as empresas aí sediadas.

É indispensável o uso de recursos tecnológicos. Neste sentido, um conjunto de iniciativas começa a constituir um receituário mais ou menos comum. Neste momento, impõe-se olhar em torno e adotar o *benchmarking* existente, para dar rapidamente um salto de qualidade e poder acompanhar o passo em que caminha a sociedade.

De modo geral todos os municípios já contam com algum arremedo de Central de Atendimento ao Cidadão. E esta é uma área em que precisam avançar com rapidez. O fato é que, embora os serviços já devam ser digitais, a atividade comportará ainda por longo tempo o atendimento presencial, desde que associado a outros canais. Tanto mais que o Código de Defesa do Usuário dos Serviços Públicos (Lei n. 13.460, de 2017) estatuiu a publicação da Carta de Serviços Municipais.

Naturalmente comporta aqui a disponibilização de um portal de serviços municipais; os diversos serviços de *call center* por ventura existentes precisam ser unificados e integrados em uma Central 156, número de uso nacional, possibilitando acesso único aos serviços públicos; o uso intensivo e generalizado do *smartphone* pela população permite e demanda a utilização de soluções por aplicativos. Todo este conjunto possibilita a integração dos diversos canais de relacionamento com o cidadão. E também atende aos serviços de Ouvidoria.

Outro equipamento que precisa estar presente nas cidades é a instalação de um Centro de Operações, apoiado numa rede de câmeras urbanas, instrumento capaz de propiciar o gerenciamento de um grande número de serviços públicos, além de suprir a vigilância patrimonial e apoiar as instituições de segurança pública.

Mais um passo neste rumo é a montagem de uma Centro Logístico, reunindo todos os materiais de uso da Prefeitura. Com este recurso logístico, acabam-se as perdas de merenda escolar e de medicamentos que vencem sem ser usados, além de possibilitar a racionalização das compras em face ao controle de estoques e a média dos consumos.

Um efeito indireto dessas estruturas modernas é alavancar as transformações a montante, fazendo com que tenham que se modernizar os órgãos que alimentam os sistemas e, dessa forma, deflagrando uma onda que tende a se espraiar, com reflexos positivos na melhoria geral, rompendo a inércia habitual da estrutura burocrática. Chega um momento em que já não basta o servidor bater o ponto, impõe-se entregar resultados.

Cidades maiores requerem zoneamento para fins administrativos, criando-se estruturas de gestão, sobretudo para atividades de manutenção urbana. São as chamadas subprefeituras. Também servem de base a centrais de atendimento, a articular ações com as diversas secretarias. Caminha-se assim no sentido da eficiência da gestão e da modernização na prestação dos serviços públicos.

PREFEITURA, PESSOAL E PREVIDÊNCIA

Pessoal e Previdência constituem dois itens críticos e crônicos no gasto municipal. Os prefeitos precisam encarar de frente este problema, sob pena de ficarem enredados em um novelo que tem inviabilizado muitas Administrações. Entendo que a pressão é muita, sobretudo nos pequenos municípios do interior. Mas os prefeitos precisam compreender que lugar de gerar emprego é na iniciativa privada, estimulando o surgimento de novas atividades econômicas e empresas. Daí a necessidade de ter uma agenda de desenvolvimento econômico, o que inúmeras prefeituras ainda não têm. A Prefeitura em si, como qualquer outra atividade organizada, precisa ter o seu quadro de pessoal adequado às suas necessidades, nunca mais do que isto.

Em muitos municípios, ante uma economia frágil, a Prefeitura constitui a principal fonte de empregos. O clientelismo político e o assistencialismo fazem o resto. Esta é uma página que precisa ser virada definitivamente. A Prefeitura tem que ser eficiente como qualquer outra "empresa"; e os recursos consumidos no gasto com pessoal e previdência são os mesmos que vão faltar nos investimentos e na prestação de serviços à população.

Menor quantidade de servidores e melhor remunerados, com meritocracia e resultados. Esta é a agenda que precisa ser construída e prevalecer nas negociações salariais. A Prefeitura também precisa ter a sua pauta na mesa de negociações. É preciso ter a coragem de enfrentar os corporativismos, que se apropriam da máquina pública em benefício próprio, seja nos municípios ou em Brasília.

A Lei de Responsabilidade Fiscal teve o mérito de pôr um freio no empreguismo, o que não tinha sido conseguido pela Constituição, ao estabelecer a obrigatoriedade do concurso público. Daí vieram os contratos administrativos e a terceirização para restabelecer os excessos.

Os contratos administrativos, por outro lado, exageros à parte, constituem uma boa alternativa para evitar a estabilidade no emprego em atividades de apoio, de natureza administrativa ou operacional, enquanto não vem uma Reforma Administrativa séria no país. Não faz sentido admitir hoje, por trinta e cinco anos, um agente administrativo que daqui a pouco não será mais nem administrativo nem agente. A evolução tecnológica tem extinguido profissões aos montões. Por exemplo, quem promoveu concurso para digitadores, faz o que com eles hoje? Os Tribunais de Contas e os Ministérios Públicos precisam começar a entender isto.

A previdência é a outra conta que dá dor de cabeça aos prefeitos. Mas é preciso entender que ela é a outra face do empreguismo, do excesso de funcionários, ainda que concursados. Com a mais recente Reforma da Previdência - outras virão - ficaram mais bem definidas institucionalmente as regras do jogo, em busca da sustentabilidade atuarial. Impõe-se aplicá-la.

Na primeira fase da Constituinte apresentei uma única sugestão: Anistia para os Municípios. Argumentava que muitos municípios não recolhiam à União a contribuição previdenciária, mas que isto era compensado pela ação de assistência social, área em que a União era omissa. A proposta era zerar a conta. Não prosperou. Uma década depois, como ministro da Previdência e Assistência Social, promovi um parcelamento da dívida previdenciária dos municípios.

O país precisa de uma vigorosa Reforma Administrativa que venha estabelecer novas bases para a organização e o funcionamento do Serviço Público brasileiro, possibilitando aos prefeitos, aí sim, condições adequadas de manejo da máquina administrativa, em prol da eficiência dos serviços e efetividade das políticas públicas, para satisfação dos cidadãos, que são também contribuintes e eleitores. Até lá, quanto menos concursos, melhor.

ATENÇÃO PARA COM OS SERVIDORES

Os servidores sempre constituem um importante ponto de referência para as ações político-administrativas em nosso país. Se, no nível federal de governo, eles formam um forte grupo de pressão, atuando com extrema força sobre o Legislativo e o Executivo, imagine-se no nível municipal, em cidades pequenas, onde o emprego público é, com frequência, o maior contingente de emprego formal existente, o mais bem remunerado e o mais qualificado.

Isto, mesmo diante de um cenário em que o Serviço Público se apresenta burocrático, modorrento, ineficiente, e ainda assim oneroso. Certamente isto não é apenas culpa dos servidores, mas também de leis aferradas a regras burocráticas, excesso de formalismo, ausência de qualificação dos agentes e falta de recursos tecnológicos.

Nem por isto os servidores devem ser estigmatizados, seja como "barnabés" inoperantes e improdutivos, acomodados embora cheios de regalias, ou como "marajás" indiferentes à sorte da sociedade.

Tampouco é verdadeira a afirmativa de que o Serviço Público paga mal. Tanto assim que mais de metade dos jovens que buscam as faculdades têm como meta fazer concurso público. Não sem razão isto hoje é mais acentuado em relação às carreiras judiciárias, das mais bem remuneradas, que inexistem no nível municipal.

A inequação do Serviço Público brasileiro está em que, do lado dos servidores prevalece um quadro de estabilidade no emprego e generosos planos de carreira; do lado da população, serviços de baixa qualidade e uma máquina administrativa que consome no custeio os recursos que deveriam ir para investimentos e serviços. Este cenário coloca diante dos prefeitos a necessidade de ações objetivas visando melhorar o desempenho do Serviço Público, preparando-o para entregar resultados aos cidadãos – cujo nível de demanda é crescente, é quem paga a conta e elege os gestores.

Como a maior parte das variáveis desse modelo está fora do alcance dos prefeitos, cabe-lhes atuar no sentido de manter o servidor sempre atualizado nos seus afazeres, sob pena de tornar-se um peso morto na estrutura administrativa. Impõe-se, assim, um amplo programa de qualificação dos recursos humanos disponíveis. Afinal, servidor público é para servir ao público.

A forma como foram constituídos no passado esses quadros, hoje estáveis, requer que eles sejam capacitados e qualificados para as atividades a que estão destinados. Do mesmo modo, é indispensável que sejam preparados para essa nova era da tecnologia, condição essencial para a melhoria da qualidade e eficiência dos serviços que devem ser prestados à população.

Em base ao novo desempenho é que devem ser estabelecidas as regras de remuneração por mérito e resultados, permitindo que biênios, quinquênios e progressões automáticas sejam substituídos por estímulos efetivos à produtividade, com foco na prestação de serviços ao cidadão.

Assim, o problema da ineficiência do serviço público precisa ser enfrentado com o aumento da produtividade do trabalho do quadro de servidores existentes, associada à indispensável modernização dos serviços, a ser atacada em várias frentes.

Do mesmo modo que nas empresas, o servidor público também precisa estar focado e motivado para sua atividade. Capacitados e qualificados, é preciso mobilizá-los em torno de uma causa, com prazos e metas a serem conquistadas. Pratiquei isto na Previdência Social, mobilizando os então 40.000 servidores do INSS em torno do PMA – Programa de Melhoria do Atendimento. Nos municípios, um tema desafiador é a melhoria dos indicadores educacionais que, além dos professores, envolve todo o universo dos servidores das escolas, da nutrição, da saúde, da assistência social às famílias, do transporte escolar etc. Fica a sugestão.

RESPONSABILIDADE FISCAL FAZ BEM

A Lei de Responsabilidade Fiscal não deve ser vista como um conjunto de restrições a serem observadas. Ela foi feita com o intuito de induzir a boa gestão. Em nosso país, a parametrização de certos tipos de despesas constitui elemento indispensável e útil para assegurar que as administrações públicas se mantenham dentro de uma matriz de referência capaz de evitar os desequilíbrios que com tanta frequência afetam a situação fiscal dos nossos entes públicos e que refletem o descuido, a falta de domínio sobre o tema ou a pura e simples irresponsabilidade.

Estranho é que tenhamos, no Brasil, que elogiar e premiar os bons gestores, face a um cenário em que predominam a falta de compromisso com a austeridade fiscal e de respeito ao dinheiro público. É preciso também expor à opinião pública aqueles que ultrapassam os limites do bom comportamento fiscal e da moralidade pública.

O mal exemplo começa pela própria União que gasta muito e mau, atuando de forma perdulária, como devedora compulsiva, provocando crises econômicas e fiscais e onerando a sociedade com gastos exorbitantes em juros. Enquanto a União viver em situação fiscal desequilibrada, fica cada vez mais distante uma reforma federativa. Até o pré-sal, receita nova, já mostrou sua instabilidade.

Fruto da inequação federativa, a União costuma impor gastos aos municípios, por meio de leis ou até pela pura e simples exigência de contrapartidas em programas e projetos, desconhecendo os limites a que estão sujeitas as prefeituras, mas sobre os quais respondem apenas os prefeitos. Por exemplo, embora seja absolutamente necessária uma remuneração mínima e digna aos professores, os municípios estão obrigados ao piso nacional do magistério sem consideração do volume de gasto já existente no setor; a implantação de programas de saúde envolvem a manutenção de equipes cujas especificações são dadas pelo nível federal, mas os valores transferidos não são suficientes para cobri-los, impondo gastos adicionais; e assim por diante.

Desta forma, há interferências conflitantes e contraditórias entre as normas emanadas do nível federal de governo que não encontram, nos municípios, mecanismos de conciliação e compensação, desaguando como irregularidades ante os Tribunais de Contas e os Ministérios Públicos. Como compatibilizar essas normativas com a realidade local de cada município é algo que permanece em aberto, além do que terminam por retirar dos prefeitos parcela da autonomia decisória sobre sua própria gestão. A rigidez é uma marca característica do nosso modelo burocrático institucional e administrativo, onde o formalismo vale mais que o conteúdo e o mérito das ações. Daí a urgência das reformas administrativa e tributária, para ver se conseguimos ultrapassar essas barreiras.

Aspectos relativos a gastos com pessoal e dívida ganham especial relevância neste contexto fiscal, porque envolvem compromissos de largo prazo, que ultrapassam os períodos de muitas administrações. Não custa lembrar que a responsabilidade fiscal inclui também cobrar os impostos de competência municipal, por muitos negligenciado.

Tendo tido a oportunidade de contribuir no projeto da LRF, entre outras normas relativas à Previdência, incluímos a criação do Fundo do Regime Geral da Previdência Social, hoje encarregado do pagamento dos benefícios de aposentados e pensionistas, cuja conta não se mescla mais com a do Tesouro, dando absoluta transparência à origem e o uso dos recursos.

Há ainda aperfeiçoamentos a serem feitos. Como mostra o caso do estado do Rio de Janeiro, e de muitos municípios, receitas oriundas de royalties não deveriam entrar no cálculo da receita corrente liquida. Como são receitas instáveis e finitas elas não podem servir de base para a contratação de gastos de longo prazo, como são os de pessoal, sob pena de levar ao comprometimento da despesa em níveis que não são firmes, provocando graves desequilíbrios e crises periódicas.

EM BUSCA DE RECURSOS

Vivemos em um país federalista, mas onde os recursos estão concentrados nas mãos da União, deixando os municípios – e até os estados mais pobres – sempre com o pires na mão. O fato é que a Constituição de 88 descentralizou responsabilidades para o governo local, mas negou-lhe os recursos necessários para sua implementação. Dessa forma, por mais eficiente que seja a gestão municipal, sempre faltarão recursos para cumprir o seu papel institucional.

É evidente que os municípios precisam ter um olhar para a economia, buscando ganhar musculatura própria – e gerar mais receita – o que muitos prefeitos negligenciam; é claro que parcela considerável dos municípios não têm sequer um plano de ação capaz de identificar e indicar suas prioridades estratégicas; infelizmente a muitos municípios falta a formulação local de políticas públicas que seriam capazes de direcionar as suas ações e otimizar os poucos recursos disponíveis; tampouco os municípios cuidam adequadamente de suas finanças, inclusive abrindo mão do seu poder de tributar, cobrar tarifas, impor contrapartidas a terceiros. Nada disto, contudo, seria capaz de corrigir a distorção estrutural que o sistema tributário federativo apresenta.

Diante de um cenário estrutural tão rígido, indiscutivelmente os municípios precisam estar sempre à busca de recursos. Mas para isto também é preciso ter, não apenas força política, mas igualmente capacidade técnica, bons projetos e senso de oportunidade.

O primeiro passo é sempre correr atrás de transferências voluntárias, numa época em que ao próprio governo federal faltam recursos para investimentos diretos. Os convênios – mecanismo através do qual são repassadas – nem sempre estão disponíveis em todos os ministérios, e ainda têm que enfrentar a *via crúcis* de sua aprovação pela CEF, mera agência de repasse do governo federal que claramente exagerou na sua missão, apropriando-se dos projetos e montando um exército de terceirizados para gerenciá-los como se fossem seus, interferindo na implementação.

Restam as emendas parlamentares, que em tempos de crise fiscal e caráter impositivo terminaram ganhando enorme relevância. Ainda assim, é muito pouco e, sendo discricionárias, não bastam para quem quer. E, pior, distorce o papel do parlamentar, transformando a todos em "vereadores federais".

É interessante observar como, embora prospectem recursos a fundo perdido, muitos municípios não otimizam recursos que fluiriam naturalmente para os seus cofres por conta não de favores, mas de serviços efetivamente prestados, como os do Sistema Único de Saúde ou seu análogo de assistência social e eventualmente também na área do FNDE. E não o fazem por pura e simples negligência e falta de boa gestão.

Na impossibilidade de realizar investimentos com recursos próprios, outro caminho é seguir, aí sim, o exemplo do governo federal, e fazer chamamentos à iniciativa privada para fins de concessões e parcerias público-privadas, estas últimas sujeitas a um valor mínimo. No âmbito municipal são inúmeras as atividades para as quais esse tipo de solução é aplicável: transporte coletivo, destinação final de lixo, saneamento básico, equipamentos, terminas, iluminação etc. Operações urbanas consorciadas só estão ao alcance das grandes cidades. O importante não é que o Poder Público realize diretamente o investimento, mas que a população receba o benefício ou o serviço.

Finalmente, mas não por último, o recurso ao endividamento, via financiamentos de longo prazo, para antecipar investimentos de interesse da população. Controlados pelo Tesouro Nacional quanto à capacidade de pagamento, com ou sem aval da União, estão disponíveis em agências estaduais de desenvolvimento ou bancos federais. Os municípios com mais de 100.000 habitantes têm também acesso às agências multilaterais de crédito. O consórcio intermunicipal pode ser aqui um caminho, para expandir o alcance em projetos de interesse comum.

No final das contas, é preciso saber frigir o porco com a própria banha.

O MELHOR CONTROLE

O Brasil tem um modelo burocrático institucional-administrativo baseado na desconfiança e regido por uma multiplicidade de detalhadas regras, herança cultural das ordenações portuguesas. E depois da Constituição de 1988, os órgãos de controle terminaram tornando-se mais importantes, mais fortes, melhor aparelhados e mais bem remunerados que os órgãos finalísticos da área pública, provocando uma inversão na estrutura administrativa do Poder Público brasileiro.

Na base da hierarquia política, no fim da fila, os prefeitos estão ao alcance de nada menos que três órgãos de controle externo, dois níveis de ministérios públicos, dos órgãos de controle interno dos entes convenentes, além de suas próprias controladorias e das Câmaras de Vereadores. Para cada ação administrativa há vários órgãos fiscalizadores, ainda que se trate de apenas um órgão executor.

Curiosamente isto tem levado a uma atitude generalizada do funcionalismo de evitar tomar as mais simples decisões, para não correr o risco de responder ao famigerado PAD – processo administrativo-disciplinar. Enquanto isto, paradoxalmente, a elevação nos níveis de controle ex-ante parece operar a favor dos corruptos que trabalham com competência e driblam as normas, como bem demonstram as apurações realizadas no âmbito da Operação Lava Jato, conduzida por força-tarefa especializada. Ou seja, esse modelo de múltiplos controles, muitas vezes mais formais do que de mérito, termina por estrangular o órgão executor e seus agentes, mas nem sempre inibe o fraudador, que age com grande competência e desenvoltura sem limites, como se viu no "mensalão" e no "petrolão", para citar apenas os casos mais amplos e notórios.

O excesso de regras e controles têm se mostrado inócuo para combater a corrupção. O crescimento do formalismo, no entanto, tem onerado a máquina pública e provocado perda de eficiência. Muito ainda temos que caminhar, no entanto, no combate à impunidade.

Tampouco há disciplina quanto à interferência de cada órgão fiscalizador em relação à Administração. Em plena crise do coronavírus, de gravidade inquestionável, foi possível perceber a precipitação de demandas e decisões judiciais, especialmente liminares; do excesso de recomendações; dos múltiplos pedidos de informações, perturbando a gestão da crise. A ansiedade de fiscalizar precisa se conter, para não colocar o carro adiante dos bois, causando danos, ao invés de evitá-los. Do mesmo modo, todos os Poderes e Instituições querem estabelecer políticas e prioridades, invadindo as competências do Executivo. Nem por isto deixou-se de ver grassar a corrupção!

Sob outro aspecto, com tantas interferências no processo administrativo, alongaram-se significativamente os prazos de implementação das ações governamentais, tornando impossível cumprir metas em um período de governo. Licitações, concessões e parcerias público-privadas costumam passar mais de dois anos para conseguirem sair do papel. Além da elaboração do projeto ou dos termos de referência e do adequado dimensionamento dos custos – para o que frequentemente faltam capacitação técnica e informações – sucedem-se audiências e consulta públicas, consultas prévias ao Tribunal de Contas, à agência reguladora, finalmente a publicação dos editais, quando então, ufa! entram em cena os Ministérios Públicos, além de demandas e questionamentos judiciais. Ou seja, a via *crúcis* de um projeto tornou-se algo extenuante e de início de execução imprevisível.

Isto requer uma revisão, fazendo com que, por exemplo, haja um prazo único e simultâneo para que todos se manifestem liminarmente, sem prejuízo da ação fiscalizadora posterior. É preciso que seja construído um roteiro legal que assegure participação e segurança a todas as partes envolvidas, mas principalmente à Administração. Afinal, a inação governamental – de que os órgãos fiscalizadores fazem parte – também acarreta custos sociais e econômicos, os quais não têm sido contabilizados.

Finalmente, independente e além da existência dos órgãos fiscalizadores, o melhor controle será sempre o democrático, exercido diretamente pela população, na escolha dos gestores e no julgamento periódico dos seus mandatos.

QUESTÕES DE PLANEJAMENTO

PLANEJAMENTO MUNICIPAL E URBANO

As atividades de planejamento têm, nos municípios, uma dupla dimensão: uma é o planejamento físico-territorial, urbanístico, associado ao controle da ocupação e uso do solo; outra é o planejamento governamental geral, do conjunto das responsabilidades e atividades que cabem à Prefeitura. Entre essas duas dimensões há um ponto de contato, cuja fusão geralmente encontra dificuldades: é a articulação entre o uso e ocupação do solo e a promoção das atividades econômicas.

Normalmente prevalece um divórcio, que se apresenta como fratura exposta nos conjuntos habitacionais, os quais, independentemente de sua escala, não contemplam a geração local de empregos, com duas consequências imediatas: obrigam os moradores a gastar com transporte, perdendo horas em longos deslocamentos de ida e volta ao trabalho; e não atendem sequer à demanda local pelo consumo de bens de conveniência, que devem estar necessariamente próximos da moradia.

Isto se reproduz por toda a cidade, em todas as cidades, porque os projetistas costumam ver a obra como um fim em si mesmo e não como instrumento de transformação urbana. É urgente mudar isto, trabalhar com equipes interdisciplinares, para superar os desvios de formação profissional e potencializar o desenvolvimento das cidades. Este é o papel insubstituível do planejamento.

Qualquer que seja o porte do município, é estratégico que exista um núcleo central de planejamento, mas não o planejamento centralizado. Que cada secretaria tenha algum núcleo que domine as normas e a cultura setorial, nas áreas de educação, saúde, assistência social, transporte, meio ambiente, serviços públicos, etc. e o núcleo central possa distribuir as diretrizes e metas, fazendo, ao longo do processo, a compatibilização das ações, para fechar todo o planejamento governamental. Essa área de planejamento, eventualmente uma secretaria que cuida também do orçamento, deve ser o braço direito do Prefeito.

É preciso estar sempre atento às políticas públicas e prioridades definidas pelos níveis federal e estadual de governo, e entender que os recursos transferidos – obrigatórios ou voluntários – estão sempre vinculados a procedimentos, resultados e metas, ora para que possam crescer, ora para que não sejam suspensos. Isto exige que a Prefeitura disponha de um mínimo de pessoal qualificado em cada área, reafirmando mais uma vez a necessidade de uma equipe diversificada.

O maior contingente precisa estar na secretaria de Urbanismo, cuja equipe é indispensável que seja multiprofissional e cujas atividades precisam, além dos Planos Diretores – com horizonte de longo prazo –, cuidarem do dia a dia com eficácia e efetividade, via licenciamento e fiscalização.

Nos municípios de maior porte é indispensável que exista um comitê intersetorial de análise e avaliação de projetos, para atestar sua interdisciplinaridade e validar sua conformidade com o programa de governo, suas diretrizes e prioridades.

Olhando para os pequenos municípios, que são a imensa maioria, além de sua equipe administrativa, formada por secretários e ocupantes de cargos em comissão, que tocam o dia a dia do governo, os prefeitos precisam contar com um *staff* qualificado, capaz de monitorar as políticas públicas estaduais e federais, identificar as oportunidades e possibilidades do município, analisar as perspectivas e os problemas econômicos, avaliar os cenários e como o município neles se insere, dedicar-se, em suma, ao planejamento governamental. Esta é uma estrutura que vai variar de porte e composição conforme as características socioeconômicas, demográficas, físico-territoriais e ambientais do município, mas que será muito pequena em inúmeros deles e, diante da inexistência local de quadros qualificados, poderá ser constituída *ad-hoc*, formada por servidores temporários, ainda que isto provoque riscos de descontinuidade. Mas é melhor do que não existir.

A missão é permitir que as Prefeituras possam dar um salto na melhoria da qualidade dos seus serviços e os Municípios possam avançar no rumo do desenvolvimento.

SOBRE O ORDENAMENTO TERRITORIAL

Embora frequentemente seja abordado apenas do ponto de vista urbano, o ordenamento territorial se estende a todo o município. E é fundamental que assim seja, para permitir ao Poder Público explorar todas as possibilidades de desenvolvimento local.

Nas metrópoles, geralmente todo o território municipal já está tomado pela urbanização e, por isto, esta questão não é percebida. Mas nos municípios cujas sedes não são grandes cidades ela se impõe. As leis de perímetro urbano fazem a definição dos espaços, separando entre urbano e rural. E elas não devem dizer respeito apenas às sedes, mas também às vilas e povoados.

Muitas vezes o território do município é cortado por rodovias estaduais ou federais, criando novas condicionantes ou possibilidades de desenvolvimento; também linhas de alta tensão, assim como dutos para usos diversos; do mesmo modo a construção de barragens, para a geração de energia, irrigação ou o puro e simples acúmulo de água, caso dos açudes no Nordeste. Então cabe à Prefeitura estar atenta a essas interferências, seus impactos, repercussões e desdobramentos.

Uma boa estratégia é começar o planejamento territorial pela identificação das áreas de restrição ocupacional. Refiro-me às margens de rios e lagos, às montanhas, à cobertura florestal etc., para daí estabelecer o que há de área que deva ser protegida e definir aquela que será objeto de exploração econômica. O ordenamento territorial torna-se, assim, essencial para direcionar, induzir e potencializar a economia do Município.

Se nas cidades já existe toda uma cultura de ordenamento do uso e da ocupação do solo, em relação à zona rural, já se foi o tempo em que bastava apenas abrir estradas vicinais, ou fazer acessos às vezes rústicos, para passar uma tropa de burros ou uma boiada. Crescentemente as comodidades da vida urbana se espraiam pelo campo, graças às tecnologias da informação e da comunicação (TIC), permitindo conexão com todo o planeta. Também a energia elétrica se universaliza, possibilitando a moradia com qualidade e o beneficiamento da produção.

É neste contexto que o ordenamento territorial se impõe, uma vez que muitas vezes é eminentemente rural a base de sustentação econômica de um município. Basta ver a importância do agronegócio, da pecuária e da mineração. Daí a importância também de olhar em volta, para além dos limites municipais, e conferir o contexto da microrregião em que o município está inserido, suas condicionantes, possibilidades, perspectivas e características de desenvolvimento.

Tudo isto contribui para a geração de oportunidades de trabalho e renda para a população local, e se reflete na elevação da renda pública, possibilitando ao município mais recursos para investimentos e prestação de serviços. O ordenamento de todo o território é, portanto, elemento indispensável e estratégico para a política municipal de desenvolvimento.

Do ponto de vista institucional, a Câmara de Vereadores tem hoje a competência para criar Distritos, uma prerrogativa que resultou de iniciativa minha na Constituinte, e que é da maior importância para acompanhar a dinâmica do desenvolvimento local. Como exemplo, um distrito criado pela Câmara de Vereadores de Barreiras foi depois emancipado, tornando-se o município de Luís Eduardo Magalhães, que hoje figura como um dos vinte mais importantes da Bahia.

Nos anos 1970, ao coordenar o Plano de Desenvolvimento de Porto Seguro/Cabrália, equacionamos a emancipação de Eunápolis, então considerado "o maior povoado do mundo", cujo núcleo urbano se estendia por terras dos dois municípios e está também hoje entre os vinte mais importantes municípios baianos. Brasil afora existem inúmeros outros exemplos.

A COOPERAÇÃO INTERGOVERNAMENTAL

Relacionado predominantemente com o fenômeno urbano, existe um amplo espaço a ser explorado no campo da articulação e cooperação intermunicipal e, por extensão, também interfederativa.

Ao serem criadas no Brasil as regiões metropolitanas o foram por lei federal e com base em critérios fundamentalmente econômicos, a partir da intensidade dos fluxos existentes entre as cidades. Ocorre que a simples relevância política e econômica já não se adequa. Do ponto de vista intraurbano, defende-se hoje em dia o desenvolvimento urbano com base na formação de cidades compactas, onde as funções básicas – moradia, trabalho e serviços – se realizam em um mesmo local, minimizando-se os deslocamentos. Praticamente já não há mais defensores do crescimento expansivo e ilimitado das cidades. Ademais, há novos valores na sociedade, como por exemplo, o paradigma ambiental, relativo à sustentabilidade. Nesse sentido o recente Estatuto da Metrópole (Lei n. 13.089, de 2015) tornou-se rapidamente obsoleto.

Delegada aos estados a criação de regiões metropolitanas, a sua governança parece haver regredido. É desejável que em cada conjunto a formatação seja distinta, mas em nenhuma hipótese a autonomia municipal pode ser afrontada. Na escala metropolitana o que se visa é promover a integração das soluções, sem invadir as competências originárias dos municípios. Até porque, a partir da Constituição de 1988, os municípios não são mais apenas e tão somente uma divisão dos estados, mas, em condições de igualdade, entes da Federação.

A organização, o planejamento e a execução das funções públicas de interesse comum não tem como alvo restringir a autonomia municipal, mas sim articular e integrar os interesses dos diversos municípios constitutivos da unidade metropolitana, com o propósito de otimizar e potencializar os benefícios daí decorrentes, visando obter resultados nas escalas adequadas, que isoladamente não conseguiriam alcançar.

Dessa forma, não se imiscui o estado-membro no âmbito da gestão dos municípios; ao contrário, seu papel é somar, para que no interesse do conjunto dos municípios possam ser conquistados resultados maiores e melhores. Tampouco se trata de substituir os municípios na elaboração dos seus Planos Diretores, como explicita o Estatuto da Cidade (Lei n. 10.257, de 2001). Cuida-se de identificar e viabilizar, conjuntamente, as funções públicas de interesse comum, expressão que propus na Constituinte, em substituição a serviços comuns. O critério básico é, portanto, a funcionalidade urbana.

Do mesmo modo, com o propósito de abranger outras realidades urbanas não abarcadas pelas regiões metropolitanas consegui incluir no texto constitucional as aglomerações urbanas, para provocar o planejamento integrado de cidades que ou estão conurbadas, embora não exista necessariamente um polo; ou se integram funcionalmente; ou são cidades geminadas, uma em cada margem de um rio, o que é tão frequente.

Já as microrregiões devem ser vistas, do ponto de vista dos estados, como áreas de desconcentração administrativa dos seus serviços; do ponto de vista dos municípios, como elemento de articulação e integração intermunicipal, podendo inclusive dar origem a consórcios intermunicipais ou até interfederativos. Para a configuração dessas áreas regionais de menor porte convém tomar como base a mais recente regionalização do IBGE na definição das Regiões Geográficas Imediatas.

Em qualquer dos casos – regiões metropolitanas, aglomerados urbanos ou microrregiões, assim como na constituição de consórcios – não se trata de um quarto nível de governo, não tendo cabimento a montagem de estruturas-meio. Felizmente, em relação aos consórcios, duas alterações legislativas recentes vieram contribuir para sua maior funcionalidade.

UMA JANELA DE OPORTUNIDADE

NOSSAS CIDADES VÃO PODER MELHORAR

Desde meados do Século passado nossas cidades viveram sob um forte estresse provocado pelo crescimento contínuo e descontrolado da população, decorrente de dois intensos fluxos migratórios envolvendo grandes deslocamentos de população: os retirantes da seca do Nordeste e a migração rural-urbana. Isto tudo, além de um intenso crescimento vegetativo, por conta das altas taxas de fecundidade então predominantes.

Por longas décadas as principais cidades do então "Sul Maravilha", particularmente São Paulo, receberam as hordas de retirantes da seca nordestina – verdadeiros refugiados – que se deslocavam em massa em busca da sobrevivência. As cidades capitais, no próprio Nordeste, também receberam esses fluxos massivos de pessoas sem instrução e sem renda, que pressionavam as estruturas urbanas, por casa, trabalho, saúde, educação, transporte, saneamento, para si e seus familiares.

O mesmo correu sempre e quando surgia em algum lugar algum investimento público ou privado que representasse a criação de oportunidades de trabalho, seja a construção de uma barragem para geração de energia, a implantação de um complexo industrial, a formação de uma nova lavoura. Essa massa humana se deslocava, independentemente de sua adequação à necessidade e ao perfil demandado, desesperadamente, em busca de inclusão e acolhimento. E, claro, não retornava.

Paralelamente ocorria o intenso deslocamento de população da zona rural para as cidades, sempre em busca de melhores condições de vida. Nenhuma cidade – metrópole nacional, capital de estado, polo regional ou sede municipal – que recebeu o impacto desses fluxos imigratórios conseguiu dar conta dessa demanda, desorganizando-se por completo, uma situação que persiste ainda hoje. Até porque não houve qualquer política nacional que buscasse apoiar os municípios na absorção desse excedente populacional. O resultado foi a formação das favelas, com seus 12 milhões de habitantes – que se refletem ainda agora, na crise do coronavírus – porque continuam desprovidas de adequadas condições habitacionais, sem regular abastecimento de água, sem esgotos e sem saúde, seus moradores indefesos ante a pandemia.

Somente com o esgotamento do fluxo migratório rural-urbano e a estabilização do crescimento demográfico nacional, nossas cidades vão ter agora a oportunidade de se reestruturarem (ainda uma vez por conta própria?) para corrigir as distorções acumuladas.

A estabilização do crescimento demográfico contudo coloca agora para as cidades uma outra e nova problemática: o envelhecimento da população, o que vai demandar a adequação do desenho e das estruturas urbanas para conviver com um contingente crescente e significativo de idosos, com suas dificuldades de locomoção, seus problemas de saúde, suas restrições alimentares, seu tempo livre, e nem sempre portando seu benefício previdenciário.

Outros fatores se apresentam como sinais de transformações sociais e culturais, como o declínio do uso do carro, a mudança do padrão de sua utilização, que foi tão predatória ao longo dos últimos cinquenta anos. Com isto, abrem-se novas possibilidades para o redesenho das cidades, sua readequação à escala humana, propiciando melhor qualidade de vida.

Essa oportunidade vale para todas as cidades – pequenas, médias e grandes. Sairão na frente e se tornarão melhores primeiro aquelas cujas sociedades e gestões municipais conseguirem perceber com mais rapidez o novo cenário e forem capazes de deflagrar imediatamente o processo de transformação.

São boas e promissoras as perspectivas para termos cidades melhores, boas para viver, saudáveis, socialmente integradas, humanamente sustentáveis. A oportunidade aí está, basta que tenhamos boa gestão. Vai que é tua, Prefeito!

SOBRE O AUTOR

WALDECK ORNÉLAS, Constituinte de 1988, atuou na subcomissão de Municípios e Regiões.

Natural de Ipiaú - Bahia, é bacharel em Direito pela UFBA e especialista em planejamento urbano-regional pela Universidad Nacional de Ingeníeria, Lima - Peru, onde foi bolsista da OEA.

Em dois momentos foi secretário do Planejamento, Ciência e Tecnologia da Bahia (1982-1986 e 1991-1994); membro do Conselho Nacional de Desenvolvimento Urbano e do Conselho Nacional de Meio Ambiente; ministro da Previdência e Assistência Social (1998-2001), no governo FHC.

É autor de Desatando o nó da Previdência (2002).

Na política, foi deputado federal (1987-1991 e 1991-1995) e senador (1995-2003).

Ao longo de sua atividade profissional e administrativa, coordenou o Plano de Desenvolvimento Urbano de Porto Seguro-Cabrália; foi coordenador técnico do PLANDURB, que marcou a retomada das atividades de planejamento urbano em Salvador - Bahia (1975-1977); criou o Programa de Ocupação Econômica do Oeste baiano (1980) e coordenou o Programa de Recuperação do Pelourinho, Centro Histórico de Salvador (1992-1994).

Sempre propugnou pelo desenvolvimento do Vale do Rio São Francisco e do Nordeste brasileiro.

É consultor em desenvolvimento municipal e urbano.

www.ingramcontent.com/pod-product-compliance
Lightning Source LLC
LaVergne TN
LVHW091557170726
843492LV00007B/2171

* 9 7 8 6 5 9 9 1 0 3 8 5 8 *